中|华|国|学|经|典|普|及|本

尔 雅

宿文渊　注

中国书店

图书在版编目（CIP）数据

尔雅 / 宿文渊注 . —北京：中国书店，2024.10
（中华国学经典普及本）
ISBN 978-7-5149-3432-8

Ⅰ . ①尔… Ⅱ . ①宿… Ⅲ . ①《尔雅》 Ⅳ . ① H131.2

中国国家版本馆 CIP 数据核字（2024）第 058410 号

尔雅

宿文渊 注
责任编辑：赵文杰

出版发行：中 国 书 店
地　　址：北京市西城区琉璃厂东街 115 号
邮　　编：100050
电　　话：（010）63013700（总编室）
　　　　　（010）63013567（发行部）
印　　刷：三河市嘉科万达彩色印刷有限公司
开　　本：880mm×1230mm　1/32
版　　次：2024 年 10 月第 1 版第 1 次印刷
字　　数：166 千
印　　张：10
书　　号：ISBN 978-7-5149-3432-8
定　　价：69.00 元

"中华国学经典普及本"编委会

前言

作为辞书之祖，《尔雅》当之无愧，它收集了丰富的古代汉语词汇，汇总、解释了先秦古籍中的许多古词古义，是后世儒生读经、通经的重要工具书。它是我国第一部按照词义内容和事物含义分类编撰的辞典，是中国古代典籍十三经的一种，因此也是中国传统文化的核心组成部分。

"尔"是"近"的意思，"雅"是"正"的意思，"尔雅"就是指接近、符合雅言，即在语音、词汇和语法等方面，解释古语词、方言词，使之合乎或接近规范，也就是指用当时通用的合乎规范的共同语来解释出现在典籍中的古语、口语、方言等的意义。

《尔雅》的成书时间并不确定，但一致认为，上限不会早于战国，下限不会晚于西汉初年。因为根据书中内容显示，有些词语是来自《楚辞》《列子》《庄子》《吕氏春秋》等书，而这些书都是战国时期的作品；而在汉文帝时已经设置"尔雅博士"，并出现了犍为文学的《尔雅注》，可见成书应该是在这之前。

《尔雅》最早著录于《汉书·艺文志》，全书10819字，分为2091个词目，所收词语4300多个，现存19篇，分别是《释诂》《释言》《释训》《释亲》《释宫》《释器》《释乐》《释天》《释地》《释丘》《释山》《释水》《释草》《释木》《释虫》《释鱼》《释鸟》《释兽》《释畜》。前三篇解释一般词语，类似后世的字典词典；后十六篇根据事物的类别解释其名称，类似今天的百科辞典，具体如下：

《释诂》主要解释古词语、方言词或别称、异名。

《释言》以一词解释一词，主要解释古语、方言俗语或别称、异名。

《释训》以双音词语为主，主要解释一些描摹事物情状的形容词、联绵词、叠音词。

《释亲》主要解释宗族、亲族、婚姻关系名词。

《释宫》主要解释古代房屋、宫室、亭台建筑及道路桥梁等名称。

《释器》主要解释生活器用、生产生活工具、服饰、兵器等事物名称。

《释乐》主要解释音乐韵调、乐器名称。

《释天》主要解释四时、祥、灾、月名、星座等十二类名称。

《释地》主要解释九州、八陵、五方、郊野等地理名称。

《释丘》主要解释大小高低丘陵等名称。

《释山》主要解释山川名称及形状。

《释水》主要解释泉水、河流、水中陆地等名称。

《释草》主要解释各种草本植物的名称。

《释木》主要解释木本植物的名称。

《释虫》主要解释各种昆虫的名称。

《释鱼》主要解释鱼鳖、贝类、龟等名称。

《释鸟》主要解释各类飞鸟的名称。

《释兽》主要解释鼠类等四类野兽的名称。

《释畜》主要解释马、牛、羊、犬、鸡等家畜的名称。

从汉唐到清代，为《尔雅》作注的人很多。现存的最早最完整的注本是晋代郭璞的《尔雅注》。郭璞花了十八年的时间来研究和注解《尔雅》，用当时通行的方言名称，解释了古老的动、植物名称，并为它注音、作图，使《尔雅》成为历代研究本草的重要参考书。唐朝以后《尔雅》被列入"经部"，成为儒家经典之一。

由于影响重大，后来出现了许多仿照《尔雅》写的著作，如《小尔雅》《广雅》《埤雅》《骈雅》《通雅》《别雅》等被称为"群雅"的作品，而研究雅书又成为一门学问，被称为"雅学"。

目录

释诂 第一 / 001

释言 第二 / 054

释训 第三 / 105

释亲 第四 / 126

释宫 第五 / 134

释器 第六 / 142

释乐 第七 / 154

释天 第八 / 158

释地 第九 / 173

释丘 第十 / 182

释山 第十一 / 188

释水 第十二 / 194

释草 第十三 / 201

释木 第十四 / 235

释虫 第十五 / 250

释鱼 第十六 / 261

释鸟 第十七 / 270

释兽 第十八 / 285

释畜 第十九 / 298

释诂第一

1.1 初、哉①、首、基②、肇③、祖、元、胎、俶④、落⑤、权舆⑥，始也。

【注释】

①哉：通"才"，本义为草木生长的开始。

②基：本义为筑墙的开始。

③肇（zhào）：通"肁（zhào）"，本义为刚开门。

④俶（chù）：本义为动作行为的开始。

⑤落：木叶陨坠的开始。

⑥权舆：通"萌芽（quán yú）"，本义为草木始生。

1.2 林①、烝②、天③、帝④、皇⑤、王、后⑥、辟⑦、公、侯，君⑧也。

【注释】

①林：群聚、众多。

②烝：众多。

③天：本义为人的头顶，指至高无上的君王。

④帝：君主、皇帝。

⑤皇：本义为大，引申为皇天，再引申为君主。

⑥后：君主。

⑦辟（bì）：本义为法律、法度，引申为君主。

⑧君：兼有二义，一是君主，一是众多。

1.3 弘①、廓②、宏、溥③、介④、纯⑤、夏⑥、怃⑦、厖⑧、坟⑨、昄⑩、丕、奕⑪、洪、诞⑫、戎、骏⑬、假⑭、京⑮、硕、濯⑯、讦⑰、宇⑱、穹⑲、壬⑳、路、淫㉑、甫、景、废㉒、壮、冢㉓、简㉔、箌㉕、昄㉖、晊㉗、将、业㉘、席，大也。

【注释】

①弘：广大。

②廓：宽大、广阔。

③溥（pǔ）：广大。

④介：大。

⑤纯：通"奄（chún）"，大。

⑥夏：雄伟高大。

⑦怃（hū）：大。

⑧厖（máng）：本义为石大。

⑨坟：大土堆。

⑩昄（gǔ）：大。

⑪奕：雄伟、高大。

⑫诞：言语夸大。

⑬骏：高大的良马。

⑭假：通"昄"，大。

⑮京：高丘。

⑯濯：盛大。

⑰讦（xū）：大。

⑱宇：本义为屋檐，引申为天宇。

⑲穹：高，空间大。

⑳壬：怀孕腹大，引申有大的意思。

㉑淫：久雨为淫。

㉒废：通"奔"（fú），大、夸大。

㉓冢：本义为高大的坟墓。

㉔简：本义为古代用于书写的狭长竹片，意即竹简。竹简疏节阔目，引申为大。

㉕苖（dào）：本义为草大。

㉖昄（bǎn）：大。

㉗晊（zhì）："至"字之误。

㉘业：本义为乐器架横木上的大版，如锯齿状，悬挂钟、鼓、磬等。

1.4　怃①、厖②，有也。

【注释】

①怃（hū）：覆盖。

②厖（máng）：本义为大，引申为厚、拥有。

1.5　迄、臻、极、到、赴、来、吊①、艐②、格③、戾④、怀⑤、摧⑥、詹，至也。

【注释】

①吊（dì）：来到。

②艐（jiè）：本义为船触沙搁浅。

③格：前来、到来。

④戾（lì）：到达。

⑤怀：本义为怀念、思念，引申为归向。

⑥摧：本义为推挤。

1.6 如①、适②、之、嫁、徂③、逝④，往也。

【注释】

①如：从随、随顺。

②适：去、往。

③徂：往、去。

④逝：往、去。

1.7 赉①、贡、锡②、畀③、予、贶④，赐也。

【注释】

①赉（lài）：赏给、赐予。

②锡：通"赐"，赐予。

③畀（bì）：给予、赐予。

④贶（kuàng）：赐给、赐予。

1.8 仪①、若②、祥③、淑④、鲜、省⑤、臧⑥、嘉、令、类⑦、綝⑧、彀⑨、攻⑩、穀⑪、介⑫、徽⑬，善也。

【注释】

①仪：本义为法度、准则。

②若：顺从、和善。

③祥：吉祥、幸福。

④淑：本义为水清澈，引申为和善、美好。

⑤省（xǐng）：察看、视察。

⑥臧（zāng）：和善、好。

⑦类：法式、法则。

⑧綝（chēn）：良善。

⑨彀（gòu）：张满弓弩，引申为善射。

⑩攻：通"工"，善长。

⑪穀：养育，又引申为善待。

⑫介：通"价"，善良。

⑬徽：本义为绳索，引申有止义，止有安善义，所以引申为美好。

1.9　舒^①、业、顺^②，叙^③也。

【注释】

①舒：舒缓与次第义近。

②顺：合乎情理，引申为顺序。

③叙：次序、次第。

1.10　舒^①、业^②、顺、叙，绪^③也。

【注释】

①舒：端续。

②业：依次、秩序有开端，引申为开端、创始。

③绪：本义为丝头，引申为头绪、开端。

1.11　怡、怿、悦、欣、衎^①、喜、愉、豫^②、恺^③、康、妉^④、般^⑤，乐也。

【注释】

①衎（kàn）：和乐、愉快。

②豫：喜悦、欢快。

③恺（kǎi）：安乐。

④妉（dān）：快乐、愉悦，或通"湛"。

⑤般（pán）：本义为旋转，引申为盘桓，再引申为快乐、游乐。

1.12 悦、怿、愉、释^①、宾^②、协^③，服^④也。

【注释】

①释（yì）：通"怿"，悦服。

②宾：宾客。引申为归还、服从。

③协：协合，和谐，引申为服从、归顺义。

④服：悦服、服从。

1.13 遹^①、遵^②、率^③、循、由、从，自^④也。

【注释】

①遹（yù）：遵从、遵循。

②遵：沿着、顺着。

③率：沿着。

④自：自从。

1.14 遹^①、遵^②、率^③，循^④也。

【注释】

①遹：遵从、遵循。

②遵：由沿着、顺着引申为遵循、依从。

③率：由沿着引申为遵循、顺服。

④循：依循、遵从。

1.15 靖^①、惟^②、漠^③、图、询、度、咨、诹^④、究、如^⑤、虑、谟、猷^⑥、肇、基、访^⑦，谋^⑧也。

【注释】

①靖：本义为安定，引申为使安定，再引申为图谋。

②惟：思考、谋划。

③漠：通"谟"，谋划、谋虑。

④诹（zōu）：咨询、商议。

⑤如：通"茹"，猜度、估计。

⑥猷（yóu）：谋划、计划。

⑦访：本义为咨询，引申为谋议。

⑧谋：谋虑、谋划。

1.16　典①、彝②、法、则、刑③、范④、矩⑤、庸⑥、恒、律⑦、戛⑧、职⑨、秩⑩，常也。

【注释】

①典：简册，引申为常道、准则。

②彝：古代青铜祭器的统称，引申为常规。

③刑：通"型"，铸造器物的模具，引申为典范。

④范：模型，引申为典范、法则。

⑤矩：画直角或方形用的曲尺。

⑥庸：经常、平常。

⑦律：用来校正乐音标准的管状仪器，用管的长短确定音阶高低，引申为规律、规则。

⑧戛（jiá）：常礼、常法。

⑨职：正常。

⑩秩：次序，引申为常规。

1.17　柯①、宪②、刑、范、辟③、律、矩、则，法也。

【注释】

①柯：斧柄，引申有法则义。

②宪：法令。

③辟（pì）：法度、刑法。

1.18　辜^①、辟、戾^②，辠^③也。

【注释】

①辜：罪过。

②戾：本义为弯曲，引申为罪恶。

③辠（zuì）：同"罪"，罪过。

1.19　黄发^①、齯齿^②、鲐背^③、耈^④、老，寿也。

【注释】

①黄发：老年人头发发白而转黄，是高寿的征象。

②齯（ní）齿：也作"兒齿"，老人齿落后复生的细齿，表示高寿之人。

③鲐（tái）背：老人背上生斑如鲐鱼之纹，是高寿征象。

④耈（gǒu）：老人面部的寿斑。

1.20　允^①、孚^②、亶^③、展、谌^④、诚、亮^⑤、询^⑥，信也。

【注释】

①允：信实、诚信。

②孚：信用、诚信。

③亶（dǎn）：本义为粮仓谷物多，引申为实在、诚实、诚信。

④谌（chén）：本义为相信。

⑤亮：通"谅"，诚信、忠诚。

⑥询：确实。

1.21　展、谌、允、慎^①、亶，诚也。

【注释】

①慎：确实。

1.22　谑①、浪②、笑、敖③，戏谑也。

【注释】

①谑：开玩笑、嘲弄。

②浪：放荡、放纵。

③敖：戏谑、调笑。

1.23　粤①、于②、爰③，曰④也。

【注释】

①粤(yuè)：句首、句中助词，无实义。

②于：句首、句中助词，无实义。

③爰(yuán)：句首、句中助词，无实义。

④曰：句首、句中助词，无实义。

1.24　爰①、粤②，于③也。

【注释】

①爰：用为介词，起介引作用。

②粤：用为介词，起介引作用。

③于：句首、句中助词，无实义。

1.25　爰、粤、于、那①、都②、繇③，於④也。

【注释】

①那(nuó)：介词，对于。

②都(dū)：介词，在。

③繇：通"由"。

④於：介词，与"于"相近。

1.26 敆①、郃②、盍③、翕④、仇⑤、偶、妃⑥、匹、会，合也。

【注释】

①敆（hé）：会合。

②郃（xiá）：对合。

③盍：聚合。

④翕：收敛、闭合。

⑤仇（qiú）：配偶。

⑥妃：配偶。

1.27 仇、雠①、敌②、妃、知③、仪④，匹也。

【注释】

①雠（chóu）：对答，引申为相匹敌。

②敌：本义为仇敌，引申为相当、匹敌。

③知：本义为知道，引申为相知，再引申为匹配。

④仪：本义为法度，引申为有风度，再引申为匹配。

1.28 妃①、合②、会，对③也。

【注释】

①妃：配偶。

②合：汇合、聚合。

③对：本义为应答，引申为相当、相配。

1.29 妃，媲①也。

【注释】

①媲（pì）：匹配、配偶。

1.30 绍^①、胤^②、嗣、续、纂^③、緌^④、绩^⑤、武^⑥、系^⑦，继也。

【注释】

①绍：继承、接续。

②胤（yìn）：本义为子孙相承，引申为继承、延续。

③纂（zuǎn）：继承。

④緌（ruí）：古代帽带结子的下垂部分，引申为继续。

⑤绩：本义为把麻搓捻成线，引申为承继。

⑥武：足迹。

⑦系：本义为拴结、捆绑，引申为联接。

1.31 忥^①、谧^②、溢^③、蛰^④、慎、貉^⑤、谧、顗^⑥、颋^⑦、密^⑧、宁，静也。

【注释】

①忥（xì）：休息。

②谧（shì）：假借为"谧"。

③溢：通"恤"，清静。

④蛰：动物冬眠，潜伏起来不食不动。

⑤貉（mò）：通"貊"，清静、安静。

⑥顗（yǐ）：恭谨、庄重。

⑦颋（wěi）：本义为头俯仰自如，引申为安静、安详。

⑧密：本义为形状象堂屋的山，引申为幽深、隐密，再引申为静默。

1.32　陨、磒①、湮②、下、降、坠、摽③、蘦④，落也。

【注释】

①磒：同"陨"，坠落。

②湮（yān）：沉没、淹没。

③摽（biào）：落下。

④蘦（líng）：通"零"，凋落、凋零。

1.33　命、令、禧①、畛②、祈、请、谒、讯、诰③，告也。

【注释】

①禧（xǐ）：礼告。

②畛（zhěn）：祝告、致意。

③诰（gào）：告诉。

1.34　永①、悠②、迥③、违④、遐、逖⑤、阔⑥，远也。

【注释】

①永：水流长，引申为久远。

②悠：本义为忧思，引申为遥远、长久。

③迥：遥远、僻远。

④违：离开、离别，引申为遥远、远离。

⑤逖（tì）：同"逿"，遥远。

⑥阔：远、疏远。

1.35　永①、悠②、迥③、远，遐④也。

【注释】

①永：久远、永久。

②悠：遥远、长久。

③迥: 遥远、僻远。

④遐: 辽远、久远。

1.36　亏、坏、圮^①、塊^②,毁也。

【注释】

①圮 (pǐ): 毁坏、坍塌。

②塊 (guǐ): 毁坏。

1.37　矢^①、雉^②、引、延、顺、荐^③、刘^④、绎、尸^⑤、旅,陈也。

【注释】

①矢: 陈述、陈列。

②雉 (zhì): 本义为野鸡,后有陈列义。

③荐: 陈说、陈设。

④刘: 本义为斧钺一类兵器,后有陈述、铺陈的意思。

⑤尸: 本义为古代祭祀时代表死者受祭的活人,引申为陈列。

1.38　尸^①、职^②,主^③也。

【注释】

①尸: 本义为古代祭祀时代表死者受祭的活人,引申为神主,再引申为主持、执掌。

②职: 本义为识记,引申为主宰。

③主: 本义为灯芯,借用为君主,引申为主持、掌管。

1.39　尸^①,寀^②也。

【注释】

①尸: 古义为祭祀时代表死者受祭的活人,引申为神主。

②寀 (cǎi)：官职、官位。

1.40　寀^①、寮^②，官也。

【注释】

①寀 (cǎi)：同"采"，古代卿大夫受封的土地。

②寮 (liáo)：同"僚"，官吏。

1.41　绩^①、绪^②、采^③、业、服^④、宜^⑤、贯^⑥、公^⑦，事也。

【注释】

①绩：功业、成绩。

②绪：本义为丝头，引申为开头、开端，再引申为前人遗留的事业。

③采：本义为摘取，引申为事业。

④服：从事。

⑤宜：事宜，事宜的事。

⑥贯：本义为串钱的绳索，引申为事例。

⑦公：公事。

1.42　永、羕^①、引、延、融^②、骏^③，长也。

【注释】

①羕 (yàng)：水流悠长。

②融：本义为炊气上升，引申为昌盛，再引申为长久。

③骏：本义为良马，引申为高大，再引申为长久。

1.43　乔^①、嵩^②、崇^③，高也。

【注释】

①乔：高而上曲。

②嵩：山高而大。

③崇：山高而大。

1.44　崇①，充也。

【注释】

①崇：本义为山高而大，引申为充满的意思。

1.45　犯①、奢②、果③、毅④、剋⑤、捷、功、肩⑥、戡⑦，胜也。

【注释】

①犯：侵犯、进犯，引申为制服。

②奢：本义为奢侈，引申为胜过、过分。

③果：本义为果实，引申为结果，再引申为果敢、有决断。

④毅：果决、刚毅。

⑤剋：战胜。

⑥肩：肩负、胜任。

⑦戡（kān）：胜任。

1.46　胜、肩、戡、刘①、杀②，克③也。

【注释】

①刘：本义为斧钺一类的兵器，引申为诛杀、战胜等。

②杀：杀戮、战胜。

③克：胜任、战胜。

1.47　刘、狝①、斩、刺，杀也。

【注释】

①狝（xiǎn）：本义为古代君主秋季打猎，引申为杀戮。

1.48　覃覃①、罿②没、孟③、敦、勖④、钊⑤、茂⑥、劼、勔⑦，勉也。

【注释】

①亹（wěi）亹：勤勉不倦的样子。

②釁（mǐn）没：勉力、努力。

③孟：通"黾"，勉力，努力。

④勖（xù）：勉励。

⑤钊：本义为磨削，引申为劝勉。

⑥茂：通"懋"，劝勉。

⑦勔（miǎn）：劝勉、勉励。

1.49　骛①、务②、昏③、暋，强也。

【注释】

①骛：本义为乱驰，引申为疾行，再引申为强求、力求。

②务：专力从事。

③昏：通"暋"，勉力。

1.50　卬①、吾、台②、予、朕、身、甫、余、言，我也。

【注释】

①卬（áng）：我。

②台（yí）：我。

1.51　朕、余、躬①，身也。

【注释】

①躬：本义为身体，引申为自身。

1.52　台、朕、赉①、畀②、卜③、阳④，予也。

【注释】

①赉 (lài)：赐予。

②畀 (bì)：给予。

③卜：赐予。

④阳：我。

1.53　肃^①、延^②、诱^③、荐、饮^④、晋、寅^⑤、荩^⑥，进也。

【注释】

①肃：本义为恭敬，引申为恭敬地引导。

②延：本义为长行，引申为延长，再引申为引进、接待。

③诱：引导。

④饮 (tán)：本义为进食，引申为增进。

⑤寅：前进。

⑥荩 (jìn)：通"进"，进用。

1.54　羞^①、饯^②、迪^③、烝^④，进也。

【注释】

①羞：进献。

②饯：用酒食送行。

③迪：本义为道理，引申为前进、引进。

④烝：古代指冬祭，引申为进献。

1.55　诏^①、亮^②、左^③、右^④、相^⑤，导^⑥也。

【注释】

①诏：本义为告诉，引申为教导。

②亮：辅佐、辅导。

③左：本义为左手，引申为辅佐、帮助。后作"佐"。

④右：本义为右手，引申为帮助。后作"佑"。

⑤相（xiàng）：本义为省视，引申为辅助。

⑥导：本义为引导，引申为教导、启发。

1.56　诏、相、导、左、右、助，勴①也。

【注释】

①勴（lǜ）：赞助。

1.57　亮、介①、尚②，右也。

【注释】

①介：本义为边界，引申为介绍，再引申为辅助。

②尚：本义为增加，引申为佐助。

1.58　左、右，亮①也。

【注释】

①亮：辅佐、辅导。

1.59　缉熙①、烈、显②、昭③、晧④、颎⑤，光也。

【注释】

①缉熙：光明。

②显：本义为头明饰，引申为光明、明显。

③昭：明亮。

④晧：同"皓"。

⑤颎（jiǒng）：同"炯"，明亮。

1.60　劼①、巩、坚、笃②、掔③、虔④、胶，固也。

【注释】

①劼（jié）：稳固。

②笃：本义为马行迟顿，引申为坚实、牢固。

③掔（qiān）：使牢固。

④虔：本义为虎行貌，引申为牢固。

1.61　畴^①、孰，谁也。

【注释】

①畴：谁。

1.62　旺旺^①、皇皇^②、藐藐^③、穆穆^④、休^⑤、嘉、珍、祎^⑥、懿、铄^⑦，美也。

【注释】

①旺旺（wàng）：明亮美盛的样子。

②皇皇：美盛的样子。

③藐藐：美盛的样子。

④穆穆：端庄和美的样子。

⑤休：美好。

⑥祎（yī）：美好。

⑦铄：眼睛美好的样子。

1.63　谐、辑^①、协，和也。

【注释】

①辑：车舆，引申为和谐。

1.64　关关^①、噰噰^②，音声和也。

【注释】

①关关：鸟和鸣声。

②噰噰：鸟声和鸣。

1.65 勰①、燮②，和也。

【注释】

①勰：同"协"，和谐、协调。

②燮：协和、和谐。

1.66 从①、申②、神③、加、弼④、崇，重也。

【注释】

①从：本义为跟从，引申为多、重叠。

②申：本义为电，引申为舒展，再引申为重复、一再。

③神：本义天神，引申为尊重、珍贵。

④弼：本义为辅佐，引申为重复。

1.67 觳①、悉、卒、泯②、忽③、灭、罄④、空、毕、匮⑤、歼、拔⑥、殄⑦，尽也。

【注释】

①觳（què）：尽。

②泯（mǐn）：消失、消灭。

③忽：本义为忽略，引申为绝尽。

④罄（qìng）：用尽、完结。

⑤匮（qì）：本义为器中空，引申为空、尽。

⑥拔：本义为抽拔，引申为尽。

⑦殄（tiǎn）：绝尽、灭绝。

1.68　苞①、芜②、茂，丰也。

【注释】

①苞：本义为席草，引申为茂密、丛生。

②芜：田地荒芜，野草丛生。

1.69　擎①、敛、屈②、收、戢③、蒐④、裒⑤、鸠⑥、搂⑦，聚也。

【注释】

①擎（jiū）：收敛、聚集。

②屈：本义为弯曲、缠绕，引申为集中、聚集。

③戢（jí）：本义为收藏兵器，引申为收敛。

④蒐（sōu）：本义为茜草，引申为阅兵、春猎，再引申为聚集。

⑤裒（póu）：聚集。

⑥鸠：本义为鸟名，引申为聚集。

⑦搂：牵合、曳聚。

1.70　肃①、齐②、遄③、速、亟④、屡⑤、数⑥、迅，疾也。

【注释】

①肃：本义为恭敬，引申为严峻、峻急。

②齐：本义为禾麦吐穗上平，引申为整齐，再引申为敏捷。

③遄（chuán）：急速。

④亟（jí）：疾速、赶快。

⑤屡：急速。

⑥数（shuò）：疾速。

1.71　蹇①、骏②、肃、亟、遄，速也。

【注释】

①寁（zǎn）：迅速、快捷。

②骏：本义为良马，引申为迅速。

1.72　壑①、阬阬②、滕③、徵④、隍⑤、漮⑥，虚也。

【注释】

①壑（hè）：山谷、沟坑。

②阬（kēng）阬：其一为衍文，山谷、土坑。

③滕：水向上腾涌。

④徵：同"澂"，澄清。

⑤隍（huáng）：无水的护城河。

⑥漮（kāng）：水中心有空处。

1.73　黎①、庶②、烝③、多、丑④、师⑤、旅⑥，众也。

【注释】

①黎：本义为民众、黎民，引申为众多。

②庶：众多。

③烝（zhēng）：众多。

④丑：本义为可恶，引申为类别、种类。

⑤师：古代军队编制的一级，以二千五百人为师，引申为民众、徒众。

⑥旅：古代军队编制的一级，以五百人为旅，引申为众多。

1.74　洋①、观②、裒③、众、那④，多也。

【注释】

①洋：本义为水名，引申为盛大。

②观：本义为观看、细看，引申为多。

③裒（póu）：本义为聚集，引申为众多。

④那（nuó）：多。

1.75　流①、差②、柬③，择也。

【注释】

①流：本义为水行移动，引申为河川水流。

②差（chāi）：选择。

③柬：选择、挑选，后作"拣"。

1.76　战①、慄②、震③、惊④、戁⑤、竦⑥、恐⑦、慑⑧，惧也。

【注释】

①战：通"颤"，发抖、恐惧。

②慄：害怕得发抖。

③震：剧烈震动。

④惊：震惊、惊骇。

⑤戁（nǎn）：本义为肃敬，引申为恐惧。

⑥竦：通"悚"，惊恐。

⑦恐：害怕。

⑧慑（shè）：恐惧。

1.77　痡①、瘏②、虺③颓、玄黄④、劬劳⑤、咎⑥、顇⑦、瘽⑧、瘉⑨、鳏⑩、戮⑪、癙⑫、癵⑬、瘇⑭、痒⑮、疧⑯、疵⑰、闵⑱、逐⑲、疚⑳、痗㉑、瘥㉒、痱㉓、㾮㉔、瘵㉕、瘼㉖、瘠㉗，病也。

【注释】

①痛（pū）：疲倦、劳累。

②瘏（tú）：积劳成疾。

③虺（huī）颓：因劳累生病的样子。

④玄黄：生病的样子。

⑤劬（qú）劳：劳累、劳苦。

⑥咎（jiù）：凶、灾祸。

⑦顇（cuì）：本义为憔悴、瘦弱，引申为生病。

⑧瘽（qín）：因劳成疾。

⑨瘉（yù）：病、灾难。

⑩瘝（guān）：疾病、痛苦。

⑪戮：本义为杀戮，引申为羞辱。

⑫癙（shǔ）：忧郁成疾。

⑬癵（luán）：肌体消瘦，积忧成病。

⑭瘯（lǐ）：忧病。

⑮瘁：忧思成疾。

⑯痕（qí）：病不止。

⑰疵（cī）：小毛病。

⑱闵：本义为吊唁，引申为有病、病危。

⑲逐：疾病。

⑳疾：久病、病患。

㉑痗（mèi）：忧病。

㉒瘥（cuó）：疫病、小病。

㉓痱（féi）：中风病。

㉔癉（dǎn）：因劳致疾。

㉕瘵（zhài）：病。

㉖瘼（mò）：疾苦、病痛。

㉗瘠（jí）：生病、病。

1.78　恙①、写②、悝③、盱④、繇⑤、惨⑥、恤⑦、罹⑧，忧也。

【注释】

①恙：忧虑。

②写：通"鼠（癙）"，忧郁成疾。

③悝（kuī）：本义为嘲谑，引申为忧伤。

④盱（xū）：忧愁。

⑤繇（yáo）：同"摇"，忧惧。

⑥惨：本义为狠毒，引申为忧愁、凄惨。

⑦恤：忧虑、忧患。

⑧罹（lí）：忧患、忧惧。

1.79　伦①、勩②、邛③、敕④、勤⑤、愉⑥、庸⑦、瘅⑧，劳也。

【注释】

①伦：劳苦。

②勩（yì）：辛劳。

③邛（qióng）：辛劳。

④敕（chì）：本义为栽插，引申为劳苦。

⑤勤：做事尽心尽力。

⑥愉：劳困成疾。

⑦庸：本义为用，引申为功劳、功勋。

⑧瘅(dǎn):因劳成疾。

1.80　劳、来①、强②、事③、谓④、翦⑤、篲⑥,勤也。

【注释】

①来(lài):勤勉。

②强(qiǎng):勉力、勤勉。

③事:本义为官职,引申为治理、任职。

④谓:本义为评论,引申为劝勉、使令。

⑤翦(jiǎn):本义为羽毛初生如剪过一样整齐,引申为修剪,再引申为勤劳。

⑥篲(huì):本义为扫帚,引申为扫、拂。

1.81　悠①、伤②、忧,思也。

【注释】

①悠:忧思。

②伤:本义为创伤,引申为忧思、悲伤。

1.82　怀、惟①、虑②、愿③、念、惄④,思也。

【注释】

①惟:思考、思念。

②虑:本义为计划、谋划,引申为思考。

③愿:本义为愿望、心愿,引申为思念。

④惄(nì):忧思、忧伤。

1.83　禄①、祉②、履③、戬④、祓⑤、禧⑥、禠⑦、祜⑧,福也。

【注释】

①禄：福。

②祉（zhǐ）：福。

③履：福禄。

④戬（jiǎn）：本义为剪灭，引申为幸福、吉祥。

⑤祓（fú）：福。

⑥禧：幸福、吉祥。

⑦禠（sī）：福。

⑧祜（hù）：厚福、大福。

1.84　禋①、祀、祠②、蒸③、尝④、禴⑤，祭也。

【注释】

①禋（yīn）：祭名。升烟祭天。

②祠：祭名。春祭。

③蒸：同"烝"，祭名。冬祭。

④尝：本义为辨别滋味，引申为祭名，指秋祭。

⑤禴（yuè）：祭名。夏祭。

1.85　俨①、恪②、祗③、翼④、諲⑤、恭、钦⑥、寅⑦、㦖⑧，敬也。

【注释】

①俨（yǎn）：本义为昂头，引申为庄重、恭敬。

②恪（kè）：恭敬。

③祗（zhī）：恭敬。

④翼：本义为翅膀，引申为奉戴，再引申为恭敬。

⑤訚（yín）：敬。

⑥钦：本义为疲倦时打哈欠，引申为恭敬、肃敬。

⑦寅（yín）：小心恭敬。

⑧爞（rǎn）：恭敬。

1.86　朝、旦、夙①、晨、晙②，早也。

【注释】

①夙（sù）：早晨。

②晙（jùn）：黎明、早。

1.87　頍①、竢②、替③、戾④、厎⑤、止、徯⑥，待也。

【注释】

①頍（xū）：站着等待。

②竢（sì）：等待。

③替：本义为废弃，引申为停止。

④戾（lì）：本义为弯曲，引申为到达。

⑤厎（dǐ）：本义为质地细腻的磨刀石，引申为终止。

⑥徯（xi）：等待。

1.88　谲①、几②、烖③、殆④，危也。

【注释】

①谲（yù）：诡诈。

②几（jī）：比喻事物的迹象，引申为危机、危险。

③烖（zāi）：同"灾"，灾祸。

④殆：危亡、危险。

1.89　凯①，汽②也。

【注释】

①凯：近、接近。

②汽（qì）：接近、差不多。

1.90　治①、肆②、古③，故也。

【注释】

①治：本义为治理，引申为作为、做事。

②肆：本义为处死刑后陈尸示众，引申为奋力做事。

③古：本义为原因、缘故，引申为事情。

1.91　肆①、故②，今③也。

【注释】

①肆：连词，所以。

②故：连词，所以。

③今：本义为现在，引申为所以。

1.92　惇①、亶②、祜③、笃、掔④、仍⑤、肶⑥、埤⑦、竺⑧、腹⑨，厚也。

【注释】

①惇（dūn）：敦厚、诚实。

②亶（dǎn）：本义为仓廪谷物多，引申为忠厚、笃实。

③祜（hù）：厚福、大福。

④掔（qiān）：本义为固，引申为厚。

⑤仍：本义为沿袭，引申为重复。

⑥肶（pí）：本义为牛胃，引申为厚赐。

⑦埤（pí）：增加、增厚。

⑧竺 (dǔ)：笃厚。

⑨腹：坚厚。

1.93　载①、谟②、食③、诈④，伪也。

【注释】

①载 (zài)：本义为乘坐，引申为施行、有为。

②谟 (mó)：本义为计谋；引申为谋划、谋略。

③食：本义为饭食，引申为作为、有为，又引申为虚伪、作假。

④诈：奸诈、虚假。

1.94　话①、猷②、载③、行④、讹⑤，言也。

【注释】

①话：说出来表达思想的语言。

②猷 (yóu)：本义为谋划，引申为言谈。

③载：本义为乘坐，引申为记载。

④行：本义为道路，引申为行事，再引申为言说。

⑤讹：本义为错谬，引申为谣言。

1.95　遘①、逢②，遇也。

【注释】

①遘 (gòu)：相遇、遭遇。

②逢：相逢、遭遇。

1.96　遘、逢、遇，遻①也。

【注释】

①遻 (wǔ)：遇到。

1.97　遘、逢、遇、遻，见①也。

【注释】

①见：见到。

1.98 　显①、昭②、觐③、钊④、觌⑤，见也。

【注释】

①显：本义为头明饰，引申为显露，再引申为看见。

②昭：本义为光明，引申为显现、显示。

③觐（jìn）：本义为古代诸侯朝见天子，引申为会见。

④钊：引见。

⑤觌（dí）：相见、见。

1.99 　监①、瞻②、临③、莅④、颋⑤、相⑥，视也。

【注释】

①监：古代用来照人的镜子，引申为照视。

②瞻：瞻仰、敬视。

③临：居上视下。

④莅（lì）：临视。

⑤颋（tiào）：远视，向远处看。

⑥相（xiàng）：省视、察看。

1.100 　鞠①、讻②、溢③，盈也。

【注释】

①鞠（jū）：古代一种革制的皮球，引申为盈多。

②讻：衍文。

③溢：水充满而流出。

1.101 　孔①、魄②、哉③、延④、虚⑤、无⑥、之⑦、言⑧，间也。

①孔：孔洞。

②魄：通"薄"，助词，

③哉：助词。

④延：本义为长行，引申为延及，在引申为隧道。

⑤虚：本义为空无所有，引申为洞孔。

⑥无：本义为没有，引申为间隙。

⑦之：助词。

⑧言：助词。

1.102 瘗①、幽②、隐③、匿④、蔽⑤、窜⑥，微也。

【注释】

①瘗（yì）：埋藏、埋。

②幽：隐蔽、隐藏。

③隐：不显露。

④匿：隐藏。

⑤蔽：遮挡、隐藏。

⑥窜（cuàn）：本义为逃匿，引申为隐藏。

1.103 讫①、徽②、妥③、怀④、安⑤、按⑥、替⑦、戾⑧、底⑨、底⑩、尼⑪、定、曷⑫、遏⑬，止也。

【注释】

①讫：完毕、终止。

②徽：本义为绳索，引申为束缚，再引申为静止。

③妥：安坐。

④怀：人心归止。

⑤安：安定、稳定。

⑥按：本义为用手向下压，引申为压抑、制止。

⑦替：停止。

⑧戾：本义为到达，引申为止息。

⑨底：本义为底下，引申为停滞、止住。

⑩厎（dǐ）：止、终止。

⑪尼（ní）：停止、制止。

⑫曷（è）：阻止。

⑬遏（è）：阻止。

1.104　豫①、射②，厌③也。

【注释】

①豫：厌烦、餍足。

②射（yì）：厌弃。

③厌：本义为饱、满足，引申为厌倦、厌恶。

1.105　烈①、绩②，业也。

【注释】

①烈：本义为火势猛烈，引申为光明、辉煌。

②绩：成果、功业。

1.106　绩、勋①，功也。

【注释】

①勋：功勋、功劳。

1.107　功、绩、质①、登②、平③、明④、考⑤、就，成也。

【注释】

①质：本义为典当财物，引申为验实，再引申为成就。

②登：本义为登升，引申为实现、完成。

③平：本义为宁静，引申为平定。

④明：本义为光明，引申为成长、成就。

⑤考：本义为老、高寿，引申为落成、成就。

1.108　楶①、梗②、较③、颋④、庭⑤、道⑥，直也。

【注释】

①楶 (jué)：高大、正直。

②梗：本义为草木的枝、茎或根，引申为正直、耿直。

③较：本义为车厢两旁的横木，引申为直。

④颋 (tǐng)：头挺直的样子，引申为正直。

⑤庭：挺直、正直。

⑥道：本义为道路，引申为正直。

1.109　密①、康②，静也。

【注释】

①密：宁静、静默。

②康：安乐、安宁。

1.110　豫①、宁②、绥③、康④、柔⑤，安也。

【注释】

①豫：安乐、安逸。

②宁：平安、安静。

③绥：安抚。

④康：安乐、安宁。

⑤柔：本义为木质柔和，引申为柔化，再引申为怀柔、安抚。

1.111　平①、均②、夷③、弟④，易也。

【注释】

①平：本义为宁静、安逸，引申为齐一、均等。

②均：公平、均等。

③夷：平坦。

④弟（tì）：通"悌"，和易。

1.112　矢①，弛②也。

【注释】

①矢：通"施"，施行、散布。

②弛：通"施"，施行、布陈。

1.113　弛①，易②也。

【注释】

①弛：本义为放松弓弦，引申为延展。

②易：本义为交换，引申为改变、更改，再引申为蔓延、传布。

1.114　希①、寡②、鲜③，罕也。

【注释】

①希：罕见、少。

②寡：少。

③鲜：稀有、少。

1.115　鲜，寡①也。

【注释】

①寡：少。

1.116　酬①、酢②、侑③，报也。

【注释】

①酬：本义为劝酒、敬酒，引申为报答。

②酢（zuò）：本义为客人以酒回敬主人，引申为报答。

③侑（yòu）：本义为劝，引申酬谢、酬答。

1.117　毗刘①，暴乐②也。

【注释】

①毗（pí）刘：联绵词，树木枝叶枯落的样子。

②暴乐：树木枝叶脱离稀疏的样子。

1.118　觋髳①，莆离②也。

【注释】

①觋（míng）髳（méng）：草木丛生的样子。

②莆（fú）离：草木众多的样子。

1.119　蛊①、谣②、贰③，疑也。

【注释】

①蛊：古籍中指一种人工培育的毒虫，引申为蛊惑、诱惑。

②谣（tāo）：可疑、疑惑。

③贰：数词，引申为不专一，再引申为怀疑、不信任。

1.120　桢①、翰②、仪③，干也。

【注释】

①桢：筑墙时竖在两端的木柱。

②翰：通"干（榦）"，骨干，栋梁。

③仪：通"橛"。本义为立木以表物，引申为主干、骨干。

1.121　弼①、毗②、辅、比③，俌④也。

【注释】

①弼(bì)：辅助、辅正。

②毗(fěi)：辅导、辅助。

③比：本义为亲近，引申为辅助。

④俌(fǔ)：辅助。

1.122　疆①、界②、边、卫③、圉④，垂⑤也。

【注释】

①疆：地域、边界。

②界：边界、范围。

③卫：本义为防卫，引申为边陲、边地。

④圉(yǔ)：本义为牢狱，引申为边境。

⑤垂：边疆、边地。

1.123　昌①、敌②、强③、应④、丁⑤，当也。

【注释】

①昌：正当、美善。

②敌：本义为敌人，引申为对等、相当。

③强：本义为硬弓，引申为强壮、强盛。

④应：应当、承受。

⑤丁：遭逢、遇到。

1.124　淳①、肩②、摇③、动④、蠢⑤、迪⑥、俶⑦、厉⑧，作也。

【注释】

①浡(bó)：兴起的样子。

②肩：本义为肩膀，引申为担负。

③摇：摆动。

④动：发生、移动。

⑤蠢：本义为虫动，引申为动。

⑥迪(dí)：本义为道理，引申为引导、实践。

⑦俶(chù)：本义为开始，引申为营作、动。

⑧厉：振奋、振作。

1.125　兹、斯、咨^①、呰^②、已^③，此也。

【注释】

①咨：通"兹"，此。

②呰(jǐ)：此。

③已：此。

1.126　嗟^①、咨^②、蹉^③也。

【注释】

①嗟(jiē)：叹词，表示招呼、赞美、感慨、悲痛等语气。

②咨：叹词，多表示赞美。

③蹉(jiē)：叹词，多表示忧哀。

1.127　闲^①、狎^②、串^③、贯^④，习也。

【注释】

①闲：通"娴"，熟练、熟习。

②狎(xiá)：本义为训犬，引申为熟习、习惯。

③串（guàn）：习惯。

④贯：熟习、熟练。

1.128　曩①、尘②、伫③、淹④、留⑤，久也。

【注释】

①曩（nǎng）：从前、过去。

②尘：本义为尘土、灰尘，引申为长久。

③伫（zhù）：久立。

④淹：本义为淹没，引申为停留、滞留，再引申为时间久。

⑤留：本义为停留、停止，引申为长久。

1.129　逮①、及、暨②，与也。

【注释】

①逮（dài）：与、相连及。

②暨（jì）：及、和。

1.130　骘①、假②、格③、陟④、跻⑤、登，陞也。

【注释】

①骘（zhì）：上升。

②假：通"遐"，升去。

③格：通"佫"。本义为前来、到来，引申为上升。

④陟（zhì）：登升。

⑤跻（jì）：登上、上升。

1.131　挥①、盝②、歇③、涸，竭也。

【注释】

①挥：本义为舞动、摇动，引申为抛洒、振去。

②盝（lù）：渗漏、滤去水。

③歇：本义为停止、休息，引申为竭尽、消失。

1.132　抵①、拭②、刷，清也。

【注释】

①抵（zhèn）：擦干。

②拭：擦拭。

1.133　鸿①、昏②、於③、显④、间⑤，代⑥也。

【注释】

①鸿：往来之代。

②昏：黄昏，白天与夜晚更替的时候。

③於：虚词。

④显：代。

⑤间（jiàn）：本义为间隙，引申为更迭、交替。

⑥代：代替、更迭。

1.134　馌①、饟②，馈③也。

【注释】

①馌（yè）：给耕作的人送吃的。

②饟（xiǎng）：送食物给人。

③馈：送食物给人。

1.135　迁①、运，徙也。

【注释】

①迁：移动。

1.136　秉^①、拱^②，执也。

【注释】

①秉：本义为禾束，引申为拿、执持。

②拱：本义为拱手，引申为执持。

1.137　廞^①、熙^②，兴也。

【注释】

①廞（xīn）：本义为陈设，引申为兴、作。

②熙：本义为晒干，引申为兴起、兴盛。

1.138　卫^①、蹶^②、假^③，嘉也。

【注释】

①卫（yì）：通"祎"，美好。

②蹶（jué）：嘉美。

③假（xià）：嘉美。

1.139　废^①、税^②、赦^③，舍也。

【注释】

①废：废弃。

②税（tuō）：通"脱"，解下、脱下。

③赦：舍弃、放置。

1.140　栖迟^①、憩^②、休^③、苦^④、呬^⑤、齂^⑥、呬^⑦，息也。

【注释】

①栖迟：本义为缓行、停留，引申为休息。

②憩（qì）：休息。

③休：栖息。

④苦（gǔ）：止息。

⑤欯（kuì）：通"喟"，叹息。

⑥齂（xiè）：本义为鼻息，引申为止息。

⑦呬（xì）：喘息。

1.141　供^①、峙^②、共^③，具^④也。

【注释】

①供：供给。

②峙（zhì）：储备。

③共：供给。

④具：供置、备办。

1.142　憮^①、怜^②、惠^③，爱也。

【注释】

①憮（wǔ）：抚爱、怜爱。

②怜：本义为哀怜，引申为怜爱。

③惠：本义为仁爱，引申为宠爱。

1.143　娠^①、蠢^②、震^③、戁^④、妯^⑤、骚^⑥、感^⑦、讹^⑧、蹶^⑨，动也。

【注释】

①娠（shēn）：怀孕身动。

②蠢：本义为虫动，引申为动。

③震：巨大震动。

④戁（nǎn）：摇动、恐动。

⑤妯：扰动、不平静。

⑥骚：骚动、动乱。

⑦感（hàn）：通“撼”，摇动。

⑧讹（é）：活动。

⑨蹶（guì）：扰动、移动。

1.144　覆①、察、副②，审③也。

【注释】

①覆：本义为翻转，引申为审察。

②副（pì）：剖开、破开。

③审：本义为祥知，引申为详究、细察。

1.145　契①、灭、殄②，绝也。

【注释】

①契：本义为占卜时用刀凿刻龟甲，引申为割断。

②殄（tiǎn）：绝尽、灭绝。

1.146　郡①、臻②、仍③、迺④、侯⑤，乃⑥也。

【注释】

①郡：通“窘”，重复、频仍。

②臻（zhēn）：本义为到达，引申为仍、重复。

③仍：一再、频繁。

④迺（nǎi）：你、你的。

⑤侯：副词，于是、就。

⑥乃：你、你的。

1.147　迪①、蹈②、训③，道④也。

【注释】

①迪 (dí)：道、道理。

②繇 (yóu)：通"猷"，道理、道术。

③训：教导、教诲。

④道：本义为道路，引申为事理、规律。

1.148　佥①、咸②、胥③，皆也。

【注释】

①佥 (qiān)：皆、都。

②咸：都。

③胥 (xū)：皆、都。

1.149　育①、孟②、耆③、艾④、正⑤、伯⑥，长也。

【注释】

①育：本义为生育，引申为成长。

②孟：兄弟姐妹中排行最大的。

③耆：六十岁的老人。

④艾：本义为艾蒿，引申为五十岁的老人，泛指长者。

⑤正：本义为正中，引申为官长、君长。

⑥伯：统领一方的长官。

1.150　艾①，历也。

【注释】

①艾：本义为长者，引申为经历。

1.151　厤①、秭②、算③，数也。

【注释】

①厤 (lì)：同"历（曆）"，历数。

②秭 (zǐ)：数目名，有不同的说法。

③算：计算、数目。

1.152　历^①，傅^②也。

【注释】

①历：本义为经历，引申为靠近、迫近。

②傅：本义为辅助，引申为靠近。

1.153　艾^①、历^②、觅^③、胥^④，相^⑤也。

【注释】

①艾 (yì)：辅助、辅佐。

②历：本义为经历，引申为审视、察看。

③觅 (mì)：看、察视。

④胥 (xū)：相视、观察。

⑤相 (xiàng)：省视、察看。

1.154　乂^①、乱^②、靖^③、神^④、弗^⑤、淈^⑥，治也。

【注释】

①乂 (yì)：本义为割草，引申为治理。

②乱：治理。

③靖：本义为安定，引申为使安定，再引申为治理。

④神：本义为天神，引申为治理。

⑤弗 (fú)：通"茀"，除草。

⑥淈 (gǔ)：惩治。

1.155　颐^①、艾^②、育，养也。

【注释】

①颐（yí）：本义为下巴，引申为保养。

②艾：本义为长者，引申为养育。

1.156　浅①、浑②、陨③，坠也。

【注释】

①浅（quǎn）：水落的样子。

②浑（gǔn）：坠落。

③陨（yǔn）：坠落。

1.157　际①、接②、翜③，捷也。

【注释】

①际：本义为两墙交接处，引申为交会、连接。

②接：交接、连接。

③翜（shà）：快速、飞得快。

1.158　毖①、神②、溢③，慎也。

【注释】

①毖（bì）：谨慎、戒慎。

②神：通"慎"，谨慎。

③溢：谨慎。

1.159　郁陶①、繇②，喜也。

【注释】

①郁陶：形容喜而未畅。

②繇（yóu）：喜。

1.160 馘①、稬②，获也。

【注释】

①馘（guó）：古代战争中割取敌人左耳以计数献功，引申为俘获、获取。

②稬（jì）：收割、收获。

1.161 阻①、艰②，难也。

【注释】

①阻：本义为险阻，引申为拦挡、阻碍。

②艰：困难、艰难。

1.162 剡①、掠②，利也。

【注释】

①剡（yǎn）：锐利。

②掠（lüè）：锋利。

1.163 允①、任②、壬③，佞④也。

【注释】

①允：本义为诚信，引申为谄媚。

②任（rén）：奸佞。

③壬（rén）：佞、奸佞。

④佞：谄谀。

1.164 俾①、拼②、抨③，使也。

【注释】

①俾（bǐ）：使。

②拼 (pēng)：使。

③抨 (bēng)：使、令。

1.165　俾①、拼②、抨③、使④，从也。

【注释】

①俾：通"比"，从。

②拼：通"比"，相从。

③抨：随从。

④使：由致使、命令，引申为听从、顺从。

1.166　儴①、仍②，因也。

【注释】

①儴 (ráng)：因循、沿袭。

②仍：依照、沿袭。

1.167　董①、督②，正也。

【注释】

①董：本义为督察，引申为守正。

②督：本义为察视，引申为纠正。

1.168　享①，孝②也。

【注释】

①享：本义为献，引申为祭祀。

②孝：祭祀。

1.169　珍①、享②，献也。

【注释】

①珍：献，特指献珍物。

②享：献，特指献食物。

1.170　纵①、缩②，乱也。

【注释】

①纵：本义为松缓，引申为杂乱。

②缩：不整齐而乱。

1.171　探①、篡②、俘③，取也。

【注释】

①探：取、摸取。

②篡：劫夺。

③俘：擒获。

1.172　徂①、在，存也。

【注释】

①徂（cú）：存在。

1.173　在①、存②、省③、士④，察也。

【注释】

①在：本义为存在，引申为观察。

②存：本义为问候、省视，引申为观察、察看。

③省（xǐng）：察看、察视。

④士：本义指未婚男子，引申为法官。

1.174　烈①、枿②，余也。

【注释】

①烈：树木被砍伐后重生的新芽。

②枿 (niè)：树木被砍伐后留下的根株。

1.175　迓①，迎也。

【注释】

①迓 (yà)：迎、迎接。

1.176　元①、良②，首也。

【注释】

①元：人头。

②良：年长。

1.177　荐①、挚②、臻③也。

【注释】

①荐：通"洊"，屡次、接连。

②挚：本义为握持，引申为到、至。

③臻 (zhēn)：到达。

1.178　赓①、扬②，续也。

【注释】

①赓 (gēng)：连续、继续。

②扬：本义为飞扬，引申为发扬、继承。

1.179　祔①、祪②，祖也。

【注释】

①祔 (fù)：祭名，让新死者于祖庙与祖先一起祭祀，引申为新庙的祖先。

②祪 (guǐ)：已毁庙的远祖，引申为远祖。

1.180　即^①，尼^②也。

【注释】

①即：本义为就食，引申为接近、靠近。

②尼：亲近、亲昵。

1.181　尼^①，定也。

【注释】

①尼：安定、和平。

1.182　迩^①、几^②、昵^③，近也。

【注释】

①迩（ěr）：接近、近。

②几：将近、几乎。

③昵（nì）：亲昵、亲近。

1.183　妥^①、安，坐也。

【注释】

①妥：安坐。

1.184　貉^①、缩，纶^②也。

【注释】

①貉（mò）：用绳子捆束。

②纶（lún）：本义为青丝绶带，引申为比丝粗的绳子。

1.185　貉^①、嗼^②、安，定也。

【注释】

①貉（mò）：亦作"貊"，清静、安静。

②嗼（mò）：寂寞、安静。

1.186　伊①，维②也。

【注释】

①伊：句首或句中语气助词，起舒缓语气的作用。

②维：句首或句中语气助词，无实义。

1.187　伊、维，侯①也。

【注释】

①侯：句首或句中语气助词，无实义。

1.188　时①、寔②，是也。

【注释】

①时：此、这。

②寔（shí）：通"是"，此、这。

1.189　卒①、猷②、假③、辍④，已⑤也。

【注释】

①卒：终尽、完毕。

②猷（yóu）：止、已。

③假：通"格"，到、至。

④辍（chuò）：本义为车队间断又连续起来，引申为停止。

⑤已：停止。

1.190　求①、酉②、在③、卒④、就⑤，终也。

【注释】

①求：本义为皮衣，引申为寻求、获得，再引申为有终。

②酋（qiú）：本义为久酿的酒，引申为完成。

③在：本义为存在，引申为终结。

④卒：完毕、终结。

⑤就：本义为趋向，引申为完成、终尽。

1.191　崩①、薨②、无禄③、卒④、徂落⑤、殪⑥，死也。

【注释】

①崩：本义为山塌陷，引申为帝王、皇后之死。

②薨（hōng）：死亡，周代称诸侯之死。

③无禄：本义为不幸，引申为士之死。

④卒：本义为终结，引申为大夫之死。

⑤徂（cú）落：死亡。

⑥殪（yì）：杀死、死亡。

释言第二

2.1　殷^①、齐^②,中也。

【注释】

①殷:本义为盛乐,引申为大,再引申为正中、当中。

②齐:通"脐",中央、当中。

2.2　斯^①、谢^②,离也。

【注释】

①斯:本义为分,引申为离开。

②谢(chǐ):脱离、离别。

2.3　谡^①、兴^②,起也。

【注释】

①谡(sù):起立、起。

②兴:起身、起来。

2.4　还^①、复^②,返也。

【注释】

①还:返回。

②复:还、返回。

2.5　宣^①、徇^②,遍也。

【注释】

①宣: 本义为古代帝王的大室, 引申为广大, 再引申为周遍、普遍。

②徇(xùn): 周遍。

2.6 驲①、遽②, 传③也。

【注释】

①驲(rì): 古代驿站专用车, 后指驿马。

②遽(jù): 传马、驿马。

③传(zhuàn): 驿站、驿舍。

2.7 蒙①、荒②, 奄③也。

【注释】

①蒙: 本义为菟丝草, 引申为遮蔽、覆盖。

②荒: 本义为田地荒芜, 引申为掩、覆盖。

③奄(yǎn): 覆盖、涵括。

2.8 告①、谒②, 请也。

【注释】

①告: 本义为上报, 引申为请求、有求。

②谒(yè): 本义为禀告、陈述, 引申为请、请求。

2.9 肃①、雍②, 声也。

【注释】

①肃: 鸟扇动翅膀的声音。

②雍(yōng): 鸟声和鸣。

2.10 格①、怀②, 来也。

【注释】

①格：来、至。

②怀：本义为怀念、思念，引申为有归向，再引申为招致、招来。

2.11　畛①、厎②，致也。

【注释】

①畛（zhěn）：本义为田间道路，引申为祝告、致意。

②厎（dǐ）：本义为质地细腻的磨刀石，引申为终止、到。

2.12　恀①、怙②，恃也。

【注释】

①恀（shì）：凭借、依赖。

②怙（hù）：依赖、仗恃。

2.13　律①、遹②、述③也。

【注释】

①律：古代用来校正乐音标准的管状仪器，引申为效法、遵从。

②遹（yù）：遵循、绍述。

③述：遵循。

2.14　俞①、畣②，然也。

【注释】

①俞：应允，叹词。

②畣（dá）：同"答"，应答。

2.15　豫①、胪②、叙③也。

【注释】

①豫：次序。

②胪 (lú)：罗列、列举。

③叙：本义为次序，引申为按照次序。

2.16　庶几①，尚②也。

【注释】

①庶几：希望、但愿。

②尚：差不多。

2.17　观①、指②，示也。

【注释】

①观：本义为细看，引申为给人看。

②指：本义为显现，引申为指示、指点。

2.18　若①、惠②，顺也。

【注释】

①若：顺、顺从。

②惠：本义为仁爱，引申为柔顺、顺从。

2.19　敖①、忨②，傲也。

【注释】

①敖：傲慢、狂妄。

②忨 (hū)：本义为覆盖，引申为傲慢。

2.20　幼、鞠①，稚也。

【注释】

①鞠：幼小、幼稚。

2.21　逸①、愆②，过也。

①逸：本义为奔逃，引申为超越。

②僭（qiān）：本义为超过，引申为过失。

2.22　疑^①、休^②，戻^③也。

【注释】

①疑（níng）：安定、止息。

②休：本义为休息，引申为停止。

③戻：安定、止息。

2.23　疾^①、齐^②，壮也。

【注释】

①疾：本义为禾麦吐穗，引申为整齐，再引申为急速。

②齐：本义为休息，引申为停止。

2.24　悈^①、褊^②，急也。

【注释】

①悈（jiè）：本义为警戒、警惕，引申为褊急。

②褊（biǎn）：本义为衣服狭小，引申为性情急躁。

2.25　贸^①、贾^②，市^③也。

【注释】

①贸：交易、买卖。

②贾（gǔ）：做买卖。

③市：本义为集中交易的场所，引申为交易。

2.26　厞^①、陋^②，隐也。

【注释】

①厞 (fèi)：隐蔽。

②陋：本义为狭隘，引申为隐蔽。

2.27　遏①、遾②，逮也。

【注释】

①遏：相及，古代齐地方言。

②遾 (shì)：达到，古代燕地方言。

2.28　征①、迈②，行也。

【注释】

①征：远行、远去。

②迈：出行、远行。

2.29　圮①、败②，覆也。

【注释】

①圮 (pǐ)：毁坏、坍塌。

②败：毁坏。

2.30　荐①，原②，再也。

【注释】

①荐：通"洊"，再、又。

②原：本义为水源，引申为再、重。

2.31　忦①、敉②，抚也。

【注释】

①忦 (wǔ)：爱抚。

②敉 (mǐ)：安抚。

2.32　臞①、脙②，瘠③也。

【注释】

①臞（qú）：消瘦。

②脙（xiū）：瘦瘠。

③瘠：瘦弱。

2.33　桄①、颎②，充也。

【注释】

①桄（guàng）：充盛。

②颎（jiǒng）：充盛。

2.34　屡①、昵②，亟③也。

【注释】

①屡：多次、常常。

②昵（nì）：亲近。

③亟（qì）：屡次、一再。

2.35　靡①、罔②，无也。

【注释】

①靡（mǐ）：无、没有。

②罔（wǎng）：没有、无。

2.36　爽①，差也。

【注释】

①爽：差错、违背。

2.37　爽①，忒②也。

【注释】

①爽：差错、违背。

②忒：变更、变换。

2.38　佴①，贰也。

【注释】

①佴（èr）：相次。

2.39　剂①、翦②，齐也。

【注释】

①剂：剪齐、剪断。

②翦（jiǎn）：本义为羽毛初生如剪过一样，引申为剪整齐。

2.40　馈①、馏②，稔③也。

【注释】

①馈（fēn）：同"饙"，蒸饭。

②馏（liù）：把食物蒸熟或者把熟的食物蒸热。

③稔（rěn）：通"饪"，蒸熟。

2.41　媵①、将②，送也。

【注释】

①媵（yìng）：陪送出嫁。

②将（jiāng）：本义为扶持，引申为送行。

2.42　作①、造②，为也。

【注释】

①作：制作。

②造：制作。

2.43　饎^①、餱^②，食也。

【注释】

①饎（fēi）：古代陈楚一代相见后请吃麦饭，引申为招待客人。

②餱（hóu）：食粮、干粮。

2.44　鞠^①、究^②，穷也。

【注释】

①鞠（jū）：本义为穷究、审问，引申为穷尽。

②究：穷尽、终极。

2.45　滷^①、矜^②、咸^③，苦也。

【注释】

①滷（lǔ）：同"卤"，苦地，即盐碱地。

②矜：穷困、苦。

③咸：像盐那样的味道。

2.46　干^①、流^②，求也。

【注释】

①干（gān）：求取。

②流：本义为水行移动，引申为河川水流。

2.47　流^①，覃^②也。

【注释】

①流：本义为水行移动，引申为传布、延展。

②覃（tán）：本义为滋味深长，引申为蔓延、延及。

2.48　覃①，延也。

【注释】

　　①覃：蔓延。

2.49　佻①，偷②也。

【注释】

　　①佻（tiāo）：轻薄放纵、不庄重。

　　②偷：轻薄、不庄重。

2.50　潜①，深也。

【注释】

　　①潜：本义为涉水，引申为深、深处。

2.51　潜①、深②，测也。

【注释】

　　①潜：本义为涉水，引申为测量、探测。

　　②深：本义为水深，引申为测量。

2.52　谷①、鞠②，生也。

【注释】

　　①谷：本义为谷物，引申为赡养、养育。

　　②鞠（jū）：生、养。

2.53　啜①，茹②也。

【注释】

　　①啜（chuò）：吃。

　　②茹：本义为喂牛马，引申为吃、吞咽。

2.54 茹^①、虞^②,度也。

【注释】

①茹:猜度、估计。

②虞:猜想、料想。

2.55 试^①、式^②,用也。

【注释】

①试:使用。

②式:用。

2.56 诰^①、誓^②,谨也。

【注释】

①诰 (gào):本义为告诉,引申为警戒。

②誓:本义为军中告诫,引申为谨慎。

2.57 竞^①、逐^②,强也。

【注释】

①竞:本义为角逐、竞赛,引申为强盛、强劲。

②逐:本义为追赶、追逐,引申为竞争、争先,再引申为强盛、繁盛。

2.58 御^①、圉^②,禁也。

【注释】

①御:本义为祭祀免灾,引申为防止、禁止。

②圉 (yǔ):本义为牢狱,引申为禁止、抵御。

2.59 窒^①、薶^②,塞也。

【注释】

①窒 (zhì):堵塞、填塞。

②薶(mái)：本义为埋葬，引申为填塞。

2.60　黼①、黻②，彰也。

【注释】

①黼(fǔ)：古代礼服上所绣的白与黑相间的斧形花纹。

②黻(fú)：古代礼服上所绣的黑与青相间的"亞"形花纹。

2.61　膺①、身，亲也。

【注释】

①膺：本义为胸，引申为自己、躬亲。

2.62　恺悌①，发也。

【注释】

①恺(kǎi)悌(tì)：破晓出发。

2.63　髦士①，官也。

【注释】

①髦(máo)士：英俊之士。

2.64　畯①，农夫②也。

【注释】

①畯(jùn)：古代掌管农事的官。

②农夫：古代田官名。

2.65　盖①、割，裂也。

【注释】

①盖(hài)：通"害"，伤害。

2.66　邕①、支②，载③也。

【注释】

①邕（yōng）：同"拥"，拥护。

②支："枝"古文，引申为支撑。

③载：承载、承受。

2.67 谁①、诿②，累③也。

【注释】

①谁（zhuì）：嘱托。

②诿（wěi）：烦劳、托付。

③累：托付。

2.68 漠①、察②，清也。

【注释】

①漠：淡泊、清净。

②察：本义为详审，引申为清楚、明晰。

2.69 庇①、庥②，荫③也。

【注释】

①庇（bì）：遮蔽。

②庥（xiū）：树荫。

③荫（yìn）：树荫。

2.70 谷①、履②，禄也。

【注释】

①谷：本义为谷物，引申为俸禄。

②履（xǐ）：福禄。

2.71 履^①，礼也。

【注释】

①履：本义为践踏，引申为实行、履行。

2.72 隐^①，占^②也。

【注释】

①隐：本义为隐蔽、隐藏，引申为审度。

②占（zhān）：本义为占卜，引申为估计、揣度。

2.73 逆^①，迎也。

【注释】

①逆：迎接。

2.74 憯^①，曾^②也。

【注释】

①憯（cǎn）：竟然。

②曾（zēng）：乃、竟。

2.75 增^①，益^②也。

【注释】

①增：加多、加添。

②益：本义为水漫出器具，引申为增加。

2.76 窭^①，贫也。

【注释】

①窭（jù）：本义为无财备礼，引申为贫穷。

2.77 蔓^①，隐也。

【注释】

①菱 (ài)：隐蔽。

2.78　偈^①，唈^②也。

【注释】

①偈 (ài)：呼吸不畅。

②唈 (yì)：抑郁不舒畅。

2.79　基^①，经^②也。

【注释】

①基：本义为起始，引申为治理、管理。

②经：本义为织物的纵线，引申为起始。

2.80　基^①，设也。

【注释】

①设：本义为设置、安排，引申为谋划。

2.81　祺^①，祥也。

【注释】

①祺：吉祥。

2.82　祺^①，吉也。

【注释】

①祺：吉利。

2.83　兆^①，域也。

【注释】

①兆 (zhào)：通"垗 (zhào)"，区域、界域。

2.84 肇①，敏也。

【注释】

①肇(zhào)：敏捷。

2.85 挟①，藏也。

【注释】

①挟(xié)：本义为夹持，引申为隐藏、怀藏。

2.86 浃①，彻②也。

【注释】

①浃(jiā)：本义为浸渍，引申为浸透、融合。

②彻：本义为撤除，引申为贯通、渗透。

2.87 替①，废也。

【注释】

①替：废弃、废除。

2.88 替①，灭也。

【注释】

①替：本义为废除，引申为消亡、泯灭。

2.89 速①，徵②也。

【注释】

①速：本义为迅速，引申为召请。

②徵：征召、征聘。

2.90 徵，召①也。

【注释】

①召：本义为召唤，引申为招致。

2.91　琛①，宝也。

【注释】

①琛（chēn）：珍宝。

2.92　探①，试也。

【注释】

①探：试探。

2.93　髦①，选②也。

【注释】

①髦（máo）：选拔为官的英俊之士。

②选：被选拔出来的人才。

2.94　髦，俊①也。

【注释】

①俊：才俊之士。

2.95　俾①，职也。

【注释】

①俾（bǐ）：任使供职。

2.96　纰①，饰也。

【注释】

①纰（pí）：冠服等的缘饰。

2.97　淩^①，慄也。

【注释】

①淩(líng)：战栗。

2.98　慄^①，戚^②也。

【注释】

①慄(lì)：本义为恐惧，引申为忧伤。

②戚(qī)：忧伤。

2.99　蠲^①，明也。

【注释】

①蠲(juān)：明示、显察。

2.100　茅^①，明也。

【注释】

①茅：显明。

2.101　明，朗^①也。

【注释】

①朗：明亮。

2.102　猷^①，图也。

【注释】

①猷(yóu)：谋划、计划。

2.103　猷^①，若也。

【注释】

①猷(yóu)：同"犹"，如、同。

2.104　傋①，举也。

【注释】

①傋（chēng）：同"称"，举起。

2.105　称①，好也。

【注释】

①称（chèn）：适宜、相当。

2.106　坎①、律②，铨③也。

【注释】

①坎：法象。

②律：本义为用来校正乐音标准的管状仪器，引申为平衡、权衡。

③铨（quán）：本义为秤，引申为衡量。

2.107　矢①，誓也。

【注释】

①矢：本义为箭矢，引申为发誓。

2.108　舫①，舟也。

【注释】

①舫（fǎng）：相并连的两只船。

2.109　泳①，游也。

【注释】

①泳：潜行于水中，指浮游。

2.110　迨①，及也。

【注释】

①迫：及、趁。

2.111　冥①，幼②也。

【注释】

①冥：幽暗。

②幼（yào）：幽暗。

2.112　降①，下也。

【注释】

①降：从高处向下运行。

2.113　佣①，均也。

【注释】

①佣（chōng）：均等、公平。

2.114　强①，暴也。

【注释】

①强：强暴、强横。

2.115　窕①，肆②也。

【注释】

①窕（tiǎo）：轻佻放肆。

②肆：放肆、放纵。

2.116　肆①，力也。

①肆：极力、奋力。

2.117　俅^①，戴也。

【注释】

①俅（qiú）：头戴。

2.118　瘗^①，幽^②也。

【注释】

①瘗（yì）：埋、埋葬。

②幽：隐蔽、隐微。

2.119　氂^①，罽^②也。

【注释】

①氂（máo）：本义为牦牛，引申为牦牛毛。

②罽（jì）：毛织物。

2.120　烘^①，燎^②也。

【注释】

①烘：燃烧。

②燎：焚烧、烧，

2.121　煁^①，烓^②也。

【注释】

①煁（chén）：一种可移动的火炉。

②烓（wēi）：一种可移动的火炉。

2.122　陪①，朝②也。

【注释】

①陪：本义为重叠的土堆，引申为朝拜。

②朝：臣下朝见君上。

2.123　康①，苛也。

【注释】

①康：苛刻。

2.124　樊①，藩②也。

【注释】

①樊：同"藩"，篱笆。

②藩：篱笆。

2.125　赋①，量也。

【注释】

①赋：称重。

2.126　粻①，粮也。

【注释】

①粻（zhāng）：粮食、米粮。

2.127　庶①，侈②也。

【注释】

①庶：众多。

②侈：本义为自大，引申为多。

2.128　庶①，幸②也。

【注释】

①庶：欣幸、幸而。

②幸：幸运。

2.129　筑①，拾也。

【注释】

①筑：拾掇、拾取。

2.130　奘①，驵②也。

【注释】

①奘（zàng）：强壮、健壮。

②驵（zǎng）：本义指壮马，引申为粗大、强健。

2.131　集①，会也。

【注释】

①集：会集、会和。

2.132　舫①，泭②也。

【注释】

①舫：相并连起来的船只。

②泭（fú）：竹筏、木筏。

2.133　洵①，均也。

【注释】

①洵：平均。

2.134　洵①，衾②也。

【注释】

①洵：通"恂"，胜任。

②衾：通"堪"，胜任。

2.135　逮①，遝②也。

【注释】

①逮（dài）：与、相连。

②遝（tà）：相及。

2.136　是①，则②也。

【注释】

①是：本义为直，引申为法则。

②则：本义为划分等级，引申为准则、法则。

2.137　画①，形②也。

【注释】

①画：本义为划分界限，引申为绘画、作图。

②形：描绘。

2.138　赈①，富也。

【注释】

①赈（zhèn）：富裕。

2.139　局①，分也。

【注释】

①局：本义为局促，引申为局部、部分。

2.140 愭^①,怒也。

【注释】

①愭(qí)：愤怒。

2.141 偰^①,声也。

【注释】

①偰(xiè)：象声词，形容声音小。

2.142 葵^①,揆^②也。

【注释】

①葵：通"揆"，测度、度量。

②揆(kuí)：度量、揣度。

2.143 揆^①,度也。

【注释】

①揆(kuí)：度量。

2.144 逮^①,及也。

【注释】

①逮：到、及、及至。

2.145 惄^①,饥也。

【注释】

①惄(nì)：忧思、忧伤。

2.146 眕^①,重也。

【注释】

①眕(zhěn)：稳重、自重。

2.147　猎①，虐也。

【注释】

①猎：本义为打猎，引申为凌虐、残害。

2.148　土①，田也。

【注释】

①土：本义为土壤、泥土，引申为田地。

2.149　戍①，遏②也。

【注释】

①戍（shù）：守边、防守。

②遏（è）：阻止、制止。

2.150　师①，人也。

【注释】

①师：古代军队编制的一级，两千五百人为一师，引申为民众、徒众。

2.151　硈①，巩也。

【注释】

①硈（qià）：坚固。

2.152　弃①，忘也。

【注释】

①弃：本义为抛弃，引申为忘记。

2.153　嚣①，闲也。

【注释】

①嚻（xiāo）：悠闲自得的样子。

2.154　谋①，心也。

【注释】

①谋：谋划、谋略。

2.155　献①，圣②也。

【注释】

①献：有德行才能的人。

②圣：本义为无所不通，引申为德行高尚的人。

2.156　里①，邑②也。

【注释】

①里：人所居住的地方。

②邑：本义指国，引申为人所聚居的地方。

2.157　襄①，除也。

【注释】

①襄：本义为一种翻开地面表层的耕种方法，引申为除去、扫除。

2.158　振①，古也。

【注释】

①振：自、从。

2.159　怼①，怨也。

【注释】

①怼（duì）：怨恨。

2.160　缡①，介也。

【注释】

①缡（lí）：用丝装饰鞋头。

2.161　号①，嘑②也。

【注释】

①号（háo）：大声呼叫。

②嘑（hū）：大声喊叫。

2.162　凶①，咎②也。

【注释】

①凶：不吉利。

②咎（jiù）：凶、灾祸。

2.163　苞①，稹②也。

【注释】

①苞：本义为席草，引申为丛生、茂密。

②稹（zhěn）：草木丛生。

2.164　遻①，寤②也。

【注释】

①遻（wù）：抵触。

②寤（wù）：倒着、逆。

2.165　颎①，题②也。

【注释】

①颎（dìng）：额。

②题：额头。

2.166　猷①、肯②，可也。

【注释】

①猷（yóu）：同"犹"，可以。

②肯：可以、愿意。

2.167　务①，侮也。

【注释】

①务（wǔ）：通"侮"，侮辱。

2.168　贻①，遗②也。

【注释】

①贻（yí）：赠送、给予。

②遗（wèi）：给予、馈赠。

2.169　贸①，买也。

【注释】

①贸：交易、买卖，包括买和卖两个方面。

2.170　贿①，财也。

【注释】

①贿：财物。

2.171　甲①，狎也。

【注释】

①甲：通"狎"，亲昵。

2.172　葵①，骓②也。

【注释】

①菼（tǎn）：初生的荻。

②骓：芦苇的幼芽。

2.173　菼，薍①也。

【注释】

①薍（wàn）：初生的荻。

2.174　粲①，餐也。

【注释】

①粲（cān）：饭食。

2.175　渝①，变也。

【注释】

①渝：改变、变更。

2.176　宜①，肴②也。

【注释】

①宜：菜肴。

②肴：熟肉之类的荤菜。

2.177　夷①，悦也。

【注释】

①夷：喜悦。

2.178　颠①，顶也。

【注释】

①颠：头顶。

2.179　耊^①，老也。

【注释】

①耊 (dié)：老寿。

2.180　輶^①，轻也。

【注释】

①輶 (yóu)：本义为轻车，引申为轻。

2.181　俴^①，浅也。

【注释】

①俴 (jiàn)：浅、薄。

2.182　绹^①，绞^②也。

【注释】

①绹 (táo)：绞索、绳索。

②绞：拧成绳。

2.183　讹^①，化也。

【注释】

①讹：通"吪"，感化。

2.184　跋^①，躐^②也。

【注释】

①跋：本义为扑倒，引申为踩、踏。

②躐 (liè)：践踏、踩。

2.185　寱^①，跲^②也。

【注释】

①疐（zhì）：牵绊、颠仆。

②跲（jiá）：牵绊、绊倒。

2.186　烝^①，尘^②也。

【注释】

①烝：长久。

②尘：本义为尘土，引申为长久。

2.187　戎^①，相^②也。

【注释】

①戎：相助。

②相（xiàng）：本义为省视，引申为辅佐。

2.188　饫^①，私也。

【注释】

①饫（yù）：古代君王燕饮同姓的私宴。

2.189　孺^①，属^②也。

【注释】

①孺：本义为孩童，引申为亲属、相亲。

②属：本义为种类，引申为亲属。

2.190　幕^①，暮^②也。

【注释】

①幕：本义为遮在上面的帐幕，引申为帐幕、篷帐。

②暮：通"幕"，帐幕。

2.191　煽①，炽②也。

【注释】

①煽：本义为火燃烧很旺，引申为气势炽盛。

②炽：本义为火旺盛，引申为强盛。

2.192　炽，盛①也。

【注释】

①盛：旺盛、兴盛。

2.193　柢①，本②也。

【注释】

①柢（dǐ）：本义为树根，特指主根，引申为根基、基础。

②本：草木的根。

2.194　窕①，闲也。

【注释】

①窕（tiǎo）：本义为间隙、不充满，引申为闲暇。

2.195　沦①，率②也。

【注释】

①沦：本义为水的小波纹，引申为相率。

②率：相率。

2.196　瘇①，毒②也。

【注释】

①瘇（lí）：忧患、忧惧。

②毒：患苦、担忧。

2.197　检^①，同也。

【注释】

①检：本义为封书题签，引申为等同、齐比。

2.198　邮^①，过也。

【注释】

①邮：通"尤"，过失、罪过。

2.199　逊^①，遁^②也。

【注释】

①逊：逃避、逃遁。

②遁（dùn）：逃跑。

2.200　弊^①，踣^②也。

【注释】

①弊：扑倒、向前倒下。

②踣（bó）：向前扑倒。

2.201　偾^①，僵^②也。

【注释】

①偾（fèn）：扑倒。

②僵：倒下。

2.202　畛^①，殄^②也。

【注释】

①畛（zhěn）：殄绝。

②殄（tiǎn）：灭绝、绝尽。

2.203　曷^①，盍^①也。

【注释】

①曷（hé）：何不。

②盍（hé）：何不。

2.204　虹^①，溃也。

【注释】

①虹（hòng）：通"讧（hòng）"，溃乱。

2.205　陪^①，阇^②也。

【注释】

①陪（àn）：阴暗。

②阇（àn）：晦暗、不亮。

2.206　䎀^①，胶也。

【注释】

①䎀（nì）：黏、粘连。

2.207　孔^①，甚也。

【注释】

①孔：很、甚。

2.208　厥^①，其也。

【注释】

①厥（jué）：其、他。

2.209　夏^①，礼也。

【注释】

①戛（jiá）：本义为戟，引申为常礼、常法。

2.210　阇①，台也。

【注释】

①阇（dū）：城上之台。

2.211　囚①，拘也。

【注释】

①囚：幽禁、束缚。

2.212　攸①，所也。

【注释】

①攸：处所。

2.213　展①，适②也。

【注释】

①展：省视。

②适：省视。

2.214　郁①，气也。

【注释】

①郁：本义为繁茂，引申为火气、热气。

2.215　宅①，居也。

【注释】

①宅：本义为住宅，引申为居住。

2.216　休^①，庆也。

【注释】

①休：本义为休息，引申为喜庆。

2.217　祈^①，叫也。

【注释】

①祈：本义为向神或天祈祷，引申为大声喊叫。

2.218　浚^①、幽^②，深也。

【注释】

①浚（jùn）：本义为疏通，引申为深。

②幽：幽深。

2.219　哲^①，智也。

【注释】

①哲：明智。

2.220　弄^①，玩也。

【注释】

①弄：用手玩弄。

2.221　尹^①，正也。

【注释】

①尹：本义为主管，引申为官长。

2.222　皇^①、匡^②，正也。

【注释】

①皇：通"匡"，匡正。

②匡：纠正。

2.223　服①，整②也。

【注释】

①服：本义为从事，引申为治理。

②整：本义为整齐，引申为整理、治理。

2.224　聘①，问也。

【注释】

①聘：访问、问候。

2.225　愧①，惭也。

【注释】

①惭：羞愧。

2.226　殛①，诛也。

【注释】

①殛（jí）：诛杀。

2.227　克①，能也。

【注释】

①克：能够、能。

2.228　翌①，明也。

【注释】

①翌（yù）：通"昱（yù）"，明日。

2.229　讻①，讼也。

【注释】

①讻（xiōng）：争讼。

2.230　晦①，冥②也。

【注释】

①晦：本义为农历每月最后一天，引申为昏暗。

②冥：幽暗。

2.231　奔①，走也。

【注释】

①奔：快跑。

2.232　逡①，退也。

【注释】

①逡（qūn）：退让、避让。

2.233　疐①，仆也。

【注释】

①疐（zhì）：牵绊、颠仆。

2.234　亚①，次也。

【注释】

①亚：次一等、次于。

2.235　谂①，念也。

【注释】

①谂（shěn）：思念。

2.236　届①，极也。

【注释】

①届：极限、穷极。

2.237　弇^①，同也。

【注释】

①弇（yǎn）：通"奄"，同。

2.238　弇^①，盖也。

【注释】

①弇：遮盖、覆盖。

2.239　恫^①，痛也。

【注释】

①恫（tōng）：哀痛、痛苦。

2.240　握^①，具^②也。

【注释】

①握：通"屋"，餐具。

②具：食具。

2.241　振^①，讯^②也。

【注释】

①振：振作、奋起。

②讯：通"迅"，振奋。

2.242　阋^①，恨^②也。

【注释】

①阋（xì）：争斗、争讼。

②恨：争吵、争讼。

2.243　越^①，扬也。

【注释】

①越：本义为度过、跨过，引申为激扬。

2.244　对^①，遂^②也。

【注释】

①对：达、至。

②遂：通达、至。

2.245　煋^①，火也。

【注释】

①煋（huǐ）：火。

2.246　懈^①，怠也。

【注释】

①懈：松懈。

2.247　宣^①，缓也。

【注释】

①宣：通"𦙫"，舒缓。

2.248　遇^①，偶也。

【注释】

①遇：偶尔相遇。

2.249　曩^①，曏^②也。

①曩（náng）：从前、过去。

②曏（xiàng）：不久以前、以往。

2.250　偟^①，暇也。

【注释】

①偟（huáng）：闲暇。

2.251　宵^①，夜也。

【注释】

①宵：夜。

2.252　懊^①，忨^②也。

【注释】

①懊（yù）：贪爱。

②忨（wán）：苟安、贪爱。

2.253　愒^①，贪也。

【注释】

①愒（kài）：贪。

2.254　榰^①，柱^②也。

【注释】

①榰（zhī）：本义为柱脚，引申为支撑。

②柱：本义为支撑房屋的柱子，引申为支撑。

2.255　裁^①，节也。

①裁：本义为裁剪，引申为节制、削减。

2.256　并①，併②也。

【注释】

①并（bìng）：并列。

②併：并列、并行。

2.257　卒①，既②也。

【注释】

①卒：终尽、完毕。

②既：本义为食尽，指日全食或月全食。

2.258　憽①，虑也。

【注释】

①憽（cóng）：谋略。

2.259　将①，资②也。

【注释】

①将：本义为扶助，引申为赠送。

②资：送。

2.260　黹①，紩②也。

【注释】

①黹（zhǐ）：本义为用针线绣出花纹，引申为刺绣、缝纫。

②紩（zhì）：缝。

2.261　递①，迭②也。

【注释】

①递：交替。

②迭：更迭、交替。

2.262　矧^①，况也。

【注释】

①矧（shěn）：况、况且。

2.263　廪^①，廯^②也。

【注释】

①廪（lǐn）：粮食。

②廯（xiān）：仓廪。

2.264　逭^①，逃也。

【注释】

①逭（huàn）：逃避。

2.265　讯^①，言^②也。

【注释】

①讯：询问。

②言：本义为言语，引申为问。

2.266　间^①，倪^②也。

【注释】

①间：本义为空隙，引申为间离，再引申为间谍。

②倪（xiàn）：间谍。

2.267　沄^①，沆^②也。

①沄（yún）：水波回旋的样子。

②沆（hàng）：描写水面宽阔。

2.268　干①，扞②也。

【注释】

①干（gàn）：捍卫。

②扞（hàn）：护卫、捍卫。

2.269　趾①，足也。

【注释】

①趾：脚。

2.270　跀①，刖②也。

【注释】

①跀（fèi）：断足的刑罚。

②刖（yuè）：砍掉脚的酷刑。

2.271　襄①，驾也。

【注释】

①襄：驾车。

2.272　忝①，辱也。

【注释】

①忝（tiǎn）：羞辱，有愧于。

2.273　燠①，煖也。

【注释】

①燠（yù）：暖、热。

2.274　块^①，堛^②也。

【注释】

①块：土块。

②堛（bì）：土块。

2.275　将^①，齐也。

【注释】

①将：分割。

2.276　糊^①，饘^②也。

【注释】

①糊：稠粥。

②饘（zhān）：稠粥。

2.277　启^①，跪也。

【注释】

①启：通"跽（jì）"，跪坐。

2.278　瞒^①，密也。

【注释】

①瞒（mián）：密致。

2.279　开^①，辟也。

【注释】

①开：开辟。

2.280　袍，襺①也。

【注释】

①襺（jiǎn）：丝绵衣。

2.281　障①，畛②也。

【注释】

①障：本义为阻隔，引申为界限。

②畛（zhěn）：本义为田间道路，引申为界限。

2.282　腼①，娃②也。

【注释】

①腼（miǎn）：露面见人的样子。

②娃（huó）：羞愧的样子。

2.283　鬻①，糜②也。

【注释】

①鬻（zhōu）：稀饭。

②糜：稠粥。

2.284　舒①，缓也。

【注释】

①舒：迟缓。

2.285　翿①，纛②也。

【注释】

①翿（dào）：用耗牛尾或雉尾制成的舞具，又名羽葆幢。

②纛（dào）：用耗牛尾或雉尾制成的舞具，又名羽葆幢。

2.286　纛①，翳②也。

【注释】

①纛（dào）：帝王车上用耗牛尾或雉尾制成的装饰物。

②翳（yì）：用羽毛做成的车盖。

2.287　隍①，壑②也。

【注释】

①隍（huáng）：无水的护城河。

②壑（hè）：本义为山谷，引申为护城河。

2.288　芼①，搴②也。

【注释】

①芼（mào）：拔取、采取。

②搴（qiān）：采取、择取。

2.289　典①，经②也。

【注释】

①典：本义为简册，引申为经典著作。

②经：本义为织物的纵线，引申为历来被尊奉的典范著作。

2.290　威①，则也。

【注释】

①威：本义为丈夫的母亲，引申为威严、威力，再引申为法则。

2.291　苛①，妎②也。

【注释】

①苛：苛刻、繁琐。

②妎（hài）：烦苛。

2.292　苐①，小也。

【注释】

①苐（fèi）：微小的样子。

2.293　迷①，惑也。

【注释】

①迷：迷惑。

2.294　狃①，复也。

【注释】

①狃（niǔ）：重复。

2.295　逼①，迫也。

【注释】

①逼：逼迫、威胁。

2.296　般①，还也。

【注释】

①般：通"班"，返回。

2.297　班①，赋②也。

【注释】

①班：本义为分瑞玉，引申为分给、赏赐。

②赋：本义为赋税，引申为授予、给予。

2.298　济①，渡也。

【注释】

①济（jì）：渡河。

2.299 济^①，成也。

【注释】

①济：本义为渡河，引申为成就、成功。

2.300 济^①，益也。

【注释】

①济：本义为渡河，引申为增加。

2.301 缗^①，纶^②也。

【注释】

①缗（mín）：钓丝。

②纶（lún）：本义为青丝绶带，引申为钓丝。

2.302 辟^①，历^②也。

【注释】

①辟（bì）：本义为法度，引申为治理。

②历（歷）：同"厤"，治理。

2.303 漦^①，盝^②也。

【注释】

①漦（chí）：渗流。

②盝（lù）：同"漉"，渗漏、滤去。

2.304 宽，绰^①也。

①绰：宽裕、宽缓。

2.305　衮^①，黼^②也。

【注释】

①衮：古代天子祭祀时所穿的绣有龙形的礼服。

②黼（fú）：古代礼服上所绣的黑与青相间的"亞"形花纹。

2.306　华^①，皇^②也。

【注释】

①华：花朵、花。

②皇：通"葟"，草木之花。

2.307　昆^①，后也。

【注释】

①昆：后，与"先"相对。

2.308　弥^①，终也。

【注释】

①弥：本义为放松弓弦，引申为终极、尽。

释训第三

3.1 明明①、斤斤②，察也。

【注释】

①明明：明察的样子。

②斤斤：明察的样子。

3.2 条条①、秩秩②，智也。

【注释】

①条条：有条理的样子。

②秩秩：因有顺序而显得聪明的样子。

3.3 穆穆①、肃肃②，敬也。

【注释】

①穆穆：端庄恭顺的样子。

②肃肃：恭敬的样子。

3.4 诸诸①、便便②，辩也。

【注释】

①诸诸：善于辞令。

②便便：形容善于辞令。

3.5 肃肃①、翼翼②，恭也。

①肃肃：恭敬的样子。

②翼翼：恭敬谨慎的样子。

3.6　廱廱①、优优②，和也。

①廱廱 (yōng)：和乐的样子。

②优优：宽和。

3.7　兢兢①、愋愋②，戒也。

①兢兢：小心谨慎的样子。

②愋愋 (shéng)：同"绳绳"，戒慎的样子。

3.8　战战①、跄跄②，动也。

①战战：戒惧的样子。

②跄跄 (qiāng)：走路有节奏的样子。

3.9　晏晏①、温温②，柔也。

①晏晏：和柔的样子。

②温温：谦和、柔和的样子。

3.10　业业①、翘翘②，危也。

①业业：危惧的样子。

②翘翘：高而危殆的样子。

3.11　惴惴①、愮愮②，惧也。

【注释】

①惴惴（zhuì）：忧惧戒慎的样子。

②愮愮（xiāo）：同"哓哓"，恐惧的样子。

3.12　番番①、矫矫②，勇也。

【注释】

①番番（bō）：勇武的样子。

②矫矫：勇武的样子。

3.13　桓桓①、烈烈②，威也。

【注释】

①桓桓（huán）：威武的样子。

②烈烈：本义为猛火燃炽的样子，引申为威武的样子。

3.14　洸洸①、赳赳②，武也。

【注释】

①洸洸（guāng）：威武的样子。

②赳赳：雄健威武的样子。

3.15　蔼蔼①、济济②，止也。

【注释】

①蔼蔼：众多的样子。

②济济（jǐ）：众多的样子。

3.16　悠悠①、洋洋②，思也。

【注释】

①悠悠：深思的样子。

②洋洋（yǎng）：忧思的样子。

　3.17　蹶蹶①、踖踖②，敏也。

【注释】

①蹶蹶（guì）：行事敏捷的样子。

②踖踖（jí）：恭敬而敏捷的样子。

　3.18　薨薨①、增增②，众也。

【注释】

①薨薨（hōng）：众虫齐飞的样子。

②增增：众多的样子。

　3.19　烝烝①、遂遂②，作也。

【注释】

①烝烝：兴盛的样子。

②遂遂：茂盛的样子。

　3.20　委委①、佗佗②，美也。

【注释】

①委委：行步美好的样子。

②佗佗（tuó）：佳丽美好的样子。

　3.21　恌恌①、惕惕②，爱也。

【注释】

①恌恌（qí）：爱悦、喜悦。

②惕惕：忧愁的样子。

3.22　偁偁^①、格格^②，举也。

【注释】

①偁偁（chēng）：举持物体。

②格格：扬起。

3.23　蓁蓁^①、孽孽^②，戴也。

【注释】

①蓁蓁（zhēn）：草木繁盛的样子。

②孽孽：盛饰的样子。

3.24　懕懕^①、媞媞^②，安也。

【注释】

①懕懕（yān）：安闲的样子。

②媞媞（tí）：安适的样子。

3.25　祁祁^①、迟迟^②，徐也。

【注释】

①祁祁：舒缓的样子。

②迟迟：徐行的样子。

3.26　丕丕^①、简简^②，大也。

【注释】

①丕丕（pī）：很大的样子。

②简简：很大的样子。

3.27　存存^①、萌萌^②，在也。

①存存：存在的样子。

②萌萌（méng）：同"菌菌"，存在的样子。

3.28　懋懋^①、慔慔^②，勉也。

【注释】

①懋懋（mào）：勉力的样子。

②慔慔（mù）：勉力的样子。

3.29　庸庸^①、慅慅^②，劳也。

【注释】

①庸庸：劳苦的样子。

②慅慅（cǎo）：忧劳的样子。

3.30　赫赫^①、跃跃^②，迅也。

【注释】

①赫赫：盛大迅疾的样子。

②跃跃（tì）：疾跳的样子。

3.31　绰绰^①、爰爰^②，缓也。

【注释】

①绰绰：宽裕的样子。

②爰爰（yuán）：舒缓的样子。

3.32　坎坎^①、墫墫^②，喜也。

【注释】

①坎坎：击鼓的声音。

②墫墫（cūn）：起舞的样子。

3.33　瞿瞿①、休休②，俭也。

【注释】

①瞿瞿（jù）：勤谨的样子。

②休休：安闲的样子。

3.34　旭旭①、跻跻②，愹③也。

【注释】

①旭旭：得意骄傲的样子。

②跻跻（jiǎo）：傲慢的样子。

③愹（jiāo）：同"骄"，骄傲。

3.35　梦梦①、诇诇②，乱也。

【注释】

①梦梦：昏乱的样子。

②诇诇（zhùn）：昏瞆惑乱的样子。

3.36　懪懪①、邈邈②，闷也。

【注释】

①懪懪（bó）：烦闷的样子。

②邈邈：忧闷的样子。

3.37　儚儚①、泂泂②，惛③也。

【注释】

①儚儚（méng）：昏昧糊涂的样子。

②泂泂（huí）：昏乱的样子。

③惛：糊涂不明白。

3.38 版版①、荡荡②，僻也。

【注释】

①版版：同"板板"，乖戾反常的样子。

②荡荡：恣纵无所约束的样子。

3.39 爞爞①、炎炎②，薰也。

【注释】

①爞爞 (chóng)：虫虫，炎热的样子。

②炎炎：炎热。

3.40 居居①，究究②，恶也。

【注释】

①居居：憎恶、不亲近的样子。

②究究：相互憎恶的样子。

3.41 仇仇①、敖敖②，傲也。

【注释】

①仇仇：傲慢的样子。

②敖敖：傲慢的样子。

3.42 伀伀①、琐琐②，小也。

【注释】

①伀伀 (cǐ)：微小的样子。

②琐琐：细小卑微的样子。

3.43 悄悄①、惨惨②，愠③也。

【注释】

①悄悄 (qiǎo)：忧伤的样子。

②惨惨：忧愁的样子。

③愠：愁恨。

3.44 痯痯①、瘉瘉②，病也。

【注释】

①痯痯（guǎn）：疲劳的样子。

②瘉瘉（yǔ）：忧病的样子。

3.45 殷殷①、惸惸②、忉忉③、慱慱④、钦钦⑤、京京⑥、忡忡⑦、惙惙⑧、恒恒⑨、奕奕⑩，忧也。

【注释】

①殷殷：忧伤的样子。

②惸惸（qióng）：忧思的样子。

③忉忉（dāo）：忧思的样子。

④慱慱（tuán）：忧劳的样子。

⑤钦钦：忧思难忘的样子。

⑥京京：忧愁不绝的样子。

⑦忡忡（chōng）：忧愁的样子。

⑧惙惙（chuò）：忧伤的样子。

⑨恒恒（bǐng）：忧甚的样子。

⑩奕奕：同"弈弈"，忧愁的样子。

3.46 畇畇①，田也。

【注释】

①畇畇（yún）：田被开垦的样子。

3.47 畟畟①，耜②也。

①畟畟 (cè)：锋利的样子。

②耜 (sì)：农具下端用来铲土的部件，初以木制，后以金属制作。

3.48 郝郝①，耕也。

【注释】

①郝郝 (shì)：通"释释"，分解离散的样子。

3.49 绎绎①，生也。

【注释】

①绎绎：同"驿驿"，长势旺盛的样子。

3.50 穟穟①，苗也。

【注释】

①穟穟 (suì)：禾苗美好的样子。

3.51 绵绵①，穮②也。

【注释】

①绵绵：连绵不断的样子。

②穮 (biāo)：耘田除草。

3.52 挃挃①，获也。栗栗②，众也。

【注释】

①挃挃 (zhì)：收获庄稼的声音。

②栗栗：收获庄稼众多的样子。

3.53 溞溞①，淅也。烰烰②，烝③也。

【注释】

①溞溞 (sōu)：淘米的声音。

②烰烰（fú）：热气腾腾的样子。

③烝：用蒸气加热。

3.54 俅俅①，服②也。

【注释】

①俅俅（qiú）：冠饰华美的样子。

②服：衣服。

3.55 峨峨①，祭也。

【注释】

①峨峨：盛美的样子。

3.56 锽锽①，乐也。

【注释】

①锽锽（huáng）：同"喤喤"，钟鼓的声音。

3.57 穰穰①，福也。

【注释】

①穰穰（ráng）：饶多的样子。

3.58 子子孙孙①，引②无极也。

【注释】

①子子孙孙：子孙后裔、世世代代。

②引：延续。

3.59 颙颙①、卬卬②，君之德也。

【注释】

①颙颙（yóng）：庄重恭敬的样子。

②卬卬 (áng)：气宇轩昂的样子。

3.60 丁丁①、嘤嘤②，相切直③也。

【注释】

①丁丁 (zhēng)：伐木的声音。

②嘤嘤：鸟和鸣的样子。

③相切直：朋友切磋相正。

3.61 蔼蔼①、萋萋②，臣尽力也。噰噰喈喈③，民协服也。

【注释】

①蔼蔼：贤臣众多的样子。

②萋萋：梧桐茂盛的样子，比喻君德盛大。

③噰噰 (yōng) 喈喈 (jiē)：鸟和鸣的样子，比喻民臣和谐。

3.62 佻佻①、契契②，愈遐急也。

【注释】

①佻佻 (tiáo)：独行叹息的样子。

②契契：愁苦的样子。

3.63 宴宴①、粲粲②，尼居息也。

【注释】

①宴宴：同"燕燕"，安闲逸乐的样子。

②粲粲：鲜洁华美的样子。

3.64 哀哀①、悽悽②，怀报德也。

【注释】

①哀哀：悲伤不已的样子。

②悽悽:同"萋萋",悲伤凄凉的样子。

3.65　儵儵①、嘒嘒②，罹③祸毒也。

【注释】

①儵儵（yōu）:同"悠悠"，忧思的样子。

②嘒嘒（huì）:蝉鸣的声音，比喻忧伤。

③罹（lí）:遭受。

3.66　晏晏①、旦旦②，悔爽忒③也。

【注释】

①晏晏:和柔的样子。

②旦旦:诚恳的样子。

③爽忒:差失。

3.67　皋皋①、琄琄②，刺素食也。

【注释】

①皋皋:愚顽无知的样子。

②琄琄（xuàn）:佩玉累垂的样子。

3.68　懽懽①、慅慅②，忧无告也。

【注释】

①懽懽（guàn）:同"管管"，无所依凭的样子。

②慅慅（yáo）:同"摇摇"，忧愁而无处告诉的样子。

3.69　宪宪①、泄泄②，制法则也。

【注释】

①宪宪:喜悦的样子。

②泄泄（yì）:和乐的样子。

3.70　谑谑①、谎谎②，崇谗慝③也。

【注释】

①谑谑 (xuè)：喜乐的样子。

②谎谎 (hè)：炽盛的样子。

③慝慝 (tè)：邪恶奸佞。

3.71　翕翕①、讹讹②，莫供职也。

【注释】

①翕翕 (xī)：苟合趋附的样子。

②讹讹 (zǐ)：自营私利不称职的样子。

3.72　速速①、蹙蹙②，惟述鞠③也。

【注释】

①速速：猥琐丑陋的样子。

②蹙蹙 (cù)：局促不安的样子。

③鞠 (jū)：穷。

3.73　抑抑①，密也。秩秩②，清也。

【注释】

①抑抑：致密的样子。

②秩秩：清明的样子。

3.74　甹夆①，掣曳②也。

【注释】

①甹 (píng) 夆 (fēng)：牵引。

②掣 (chè) 曳 (yè)：牵托、牵引。

3.75　朔①，北方也。

【注释】

①朔：北方。

3.76　不俟①，不来也。

【注释】

①不俟：不可等待。

3.77　不遹①，不迹②也。

【注释】

①不遹（yù）：不遵循法度。

②不迹：不遵循法度。

3.78　不彻①，不道也。

【注释】

①不彻：不循常规。

3.79　勿念①，勿忘也。

【注释】

①勿念：勿，语气助词，无意义。

3.80　萲①、谖②，忘也。

【注释】

①萲（xuān）：本义为忘忧草，引申为忘记。

②谖：通"萱"，忘记。

3.81　每有①，虽也。

【注释】

①每有：虽有。

3.82 饎^①，酒食也。

【注释】

①饎(chì)：酒食。

3.83 舞、号，雩^①也。

【注释】

①雩(yú)：为祈雨而举行的祭祀。

3.84 暨^①，不及^②也。

【注释】

①暨：及。

②不及：及。"不"是衍文。

3.85 蠢^①，不逊也。

【注释】

①蠢：不谦逊。

3.86 "如切如磋"，道学也^①。"如琢如磨"，自修也^②。"瑟兮僴兮"，恂栗也^③。"赫兮烜兮"，威仪也。"有斐君子，终不可谖兮"，道盛德至善，民之不能忘也^④。

【注释】

①"如切如磋"，道学也：比喻治学。

②"如琢如磨"，自修也：比喻自己修身。

③"瑟兮僴兮"，恂栗也：为人非常恭谨。

④"有斐君子,终不可谖兮",道盛德至善,民之不能忘也：道德品质高尚的人不会被人忘记。

3.87　"既微且尰"①,骭疡②为微,肿足为尰。

【注释】

①"既微且尰"：《小雅》诗句。微,胫部有疮；尰(zhǒng),足部水肿。

②骭(gàn)疡：胫疮。

3.88　"是刈是濩"①,濩,煮之也。

【注释】

①濩(huò)：煮。

3.89　"履帝武①敏②",武,迹也；敏,拇也。

【注释】

①武：足迹。

②敏：足大趾。

3.90　"张仲孝友"①,善父母为孝,善兄弟为友。

【注释】

①"张仲孝友"：出自《小雅·六月》。

3.91　"有客宿宿",言再宿也。"有客信信",言四宿也①。

【注释】

①"有客宿宿""有客信信"：均出自《诗·周颂·有客》。

3.92　美女为媛①。

【注释】

①媛（yuàn）：美女。

3.93　美士为彦①。

【注释】

①彦：贤士、俊才。

3.94　"其虚其徐"①，威仪容止也。

【注释】

①其虚其徐：谦虚从容。

3.95　"猗嗟名兮"①，目上为名。

【注释】

①猗嗟名兮：出自《诗经·齐风·猗嗟》。猗嗟，叹词，表示赞叹。

3.96　"式微式微"①者，微乎微者也。

【注释】

①"式微式微"：出自《诗经·邶风·式微》。式微，衰微。

3.97　之子①者，是子也。

【注释】

①之子：这个人。

3.98　"徒御不惊"①，辇者也。

【注释】

①"徒御不惊"：出自《诗经·小雅·车攻》，御马的人警惕戒备。不，语气助词，无义。

3.99　襢裼^①，肉袒^②也。

【注释】

①襢(tǎn)裼(xī)：脱衣露体。

②肉袒：脱衣露体。

3.100　暴虎，徒搏也^①。

【注释】

①暴虎，徒搏也：空手与老虎搏斗。

3.101　冯河^①，徒涉也。

【注释】

①冯河：徒步涉水渡河。

3.102　籧篨^①，口柔也。

【注释】

①籧(qú)篨(chú)：形容花言巧语、献媚奉承的情态。

3.103　戚施^①，面柔也。

【注释】

①戚施：描写阿谀奉承的人的样子。

3.104　夸毗^①，体柔也。

【注释】

①夸毗：描写献媚卑屈之人的情态。

3.105　婆娑^①，舞也。

【注释】

①婆娑：描写翩翩起舞的样子。

3.106　擗^①，拊^②心也。

【注释】

①擗（pǐ）：拍胸。

②拊（fǔ）心：拍胸。

3.107　矜^①、怜，抚掩^②之也。

【注释】

①矜：怜悯、同情。

②抚掩：安慰体恤。

3.108　䘱^①，羔裘之缝也。

【注释】

①䘱（yù）：羔裘的衣缝。

3.109　殿屎^①，呻也。

【注释】

①殿屎（xī）：愁苦呻吟。

3.110　裯^①谓之帐。

【注释】

①裯（chóu）：同"裯"，床帐。

3.111　侜张^①，诳也。

【注释】

①侜（zhōu）张：欺诳。

3.112　谁昔^①，昔也。

【注释】

①谁昔:从前。

3.113　不辰^①,不时也。

【注释】

①不辰:不得其时。

3.114　凡曲者为罶^①。

【注释】

①罶(liǔ):曲梁,捕鱼的竹篓。

3.115　鬼之为言^①归也。

【注释】

①之为言:训诂术语,相当于"所谓……就是……"。

释亲第四

4.1　父为考①，母为妣②。

【注释】

①考：指父亲，后来转指对死去父亲的称呼。

②妣（bǐ）：指母亲，后来转指对死去母亲的称呼。

4.2　父之考为王父①，父之妣为王母。王父之考为曾祖②王父，王父之妣为曾祖王母。曾祖王父之考为高祖③王父，曾祖王父之妣为高祖王母。

【注释】

①王父：祖父。

②曾祖：祖父的父亲。

③高祖：曾祖的父亲。

4.3　父之世父①、叔父为从②祖祖父，父之世母③、叔母为从祖祖母。

【注释】

①世父：大伯父。

②从：同宗亲属。

③世母：伯母。

4.4　父之晜①弟，先生为世父，后生为叔父②。

【注释】

①晜（kūn）：同"昆"，兄。

②叔父：父亲的弟弟。

4.5　男子先生为兄①，后生为弟②。男子谓女子先生为姊③，后生为妹④。父之姊妹为姑。

【注释】

①兄：哥哥。

②弟：同父母、同父或同母而后生的男子。

③姊：姐姐。

④妹：妹妹。

4.6　父之从父晜①弟为从祖父，父之从祖晜弟②为族父。族父之子相谓为族晜弟③。族晜弟之子相谓为亲同姓。兄之子、弟之子相谓为从父晜弟。

【注释】

①从父晜（kūn）弟：同祖父的兄弟。

②从祖晜弟：同曾祖父的兄弟。

③族晜弟：同高祖父的兄弟。

4.7　子之子为孙①，孙之子为曾孙②，曾孙之子为玄孙③，玄孙之子为来孙④，来孙之子为晜孙⑤，晜孙之子为仍孙⑥，仍孙之子为云孙⑦。

【注释】

①孙：儿子的儿子。

②曾孙：孙子的儿子。

③玄孙:从自身算起的第五代。

④来孙:玄孙之子,从自身算起的第六代。

⑤晜孙:第七代世孙。

⑥仍孙:从自身算起的第八代世孙。

⑦云孙:从自身算起的第九代世孙。

4.8　王父之姊妹为王姑①,曾祖王父之姊妹为曾祖王姑②,高祖王父之姊妹为高祖王姑。父之从父姊妹为从祖姑③,父之从祖姊妹为族祖姑④。

【注释】

①王姑:祖父的姐妹。

②曾祖王姑:曾祖父的姐妹。

③从祖姑:父亲的叔伯的姐妹。

④族祖姑:祖父的叔伯的姐妹。

4.9　父之从父晜弟之母为从祖王母①,父之从祖晜弟之母为族祖王母②。父之兄妻为世母,父之弟妻为叔母③。父之从父晜弟之妻为从祖母④,父之从祖晜弟之妻为族祖母⑤。

【注释】

①从祖王母:从祖祖母,或伯祖母、叔祖母。

②族祖王母:族父的祖母。

③叔母:叔父的妻子。

④从祖母:父亲的堂兄弟之妻。

⑤族祖母:族父的母亲。

4.10　父之从祖祖父为族曾王父①,父之从祖祖母为族曾王母②。

①族曾王父：父亲的从祖祖父。

②族曾王母：父亲的从祖祖母。

4.11　父之妾为庶母①。

【注释】

①庶母：父亲的妾。

4.12　祖，王父也。晜①，兄也。——宗族②。

【注释】

①晜：同"昆"，兄。

②宗族：同宗亲族。

4.13　母之考为外王父①，母之妣为外王母②。母之王考为外曾王父③，母之王妣为外曾王母④。

【注释】

①外王父：外祖父。

②外王母：外祖母。

③外曾王父：外祖父的父亲。

④外曾王母：外祖父的母亲。

4.14　母之晜弟为舅①，母之从父晜弟为从舅②。

【注释】

①舅：舅父。

②从舅：母亲的叔伯兄弟。

4.15　母之姊妹为从母①，从母之男子为从母晜弟，其女子子为从母姊妹。——母党②。

【注释】

①从母：母亲的姐妹，即姨母。

②母党：母亲亲族。

4.16　妻之父为外舅①，妻之母为外姑②。

【注释】

①外舅：岳父。

②外姑：岳母。

4.17　姑之子为甥①，舅之子为甥，妻之晜弟为甥，姊妹之夫为甥。

【注释】

①甥：姑姑的孩子，舅舅的孩子，妻子的兄弟和姐妹的丈夫，都叫甥。

4.18　妻之姊妹同出①为姨。女子谓姊妹之夫为私②。

【注释】

①同出：都嫁出。

②私：姐妹的丈夫。

4.19　男子谓姊妹之子为出①。女子谓晜弟之子为侄②，谓出之子为离孙③，谓侄之子为归孙④。女子子之子为外孙。

【注释】

①出：姐妹出嫁所生的孩子，也叫外甥。

②侄：女子称兄弟的儿子为侄。

③离孙：外甥的儿子。

④归孙：侄子的儿子。

4.20　女子同出^①，谓先生为姒^②，后生为娣^③。

【注释】

①同出：同嫁一夫。

②姒（sì）：古代称同嫁一夫的女子中年长的为姒。

③娣：古代称同嫁一夫的女子中年幼的为娣。

4.21　女子谓兄之妻为嫂^①，弟之妻为妇^②。

【注释】

①嫂：兄长的妻子。

②妇：弟弟的妻子。

4.22　长妇^①谓稚妇为娣妇，娣妇^②谓长妇为姒妇。——妻党^③。

【注释】

①长（zhǎng）妇：哥哥的妻子。

②娣妇：弟弟的妻子。

③妻党：妻子一方亲族的亲属关系。

4.23　妇称夫之父曰舅^①，称夫之母曰姑^②。姑舅在，则曰君舅、君姑；没，则曰先舅^③、先姑^④。谓夫之庶母为少姑^⑤。

【注释】

①舅：妻子称丈夫的父亲为舅。

②姑：妻子称丈夫的母亲为姑。

③先舅：妻子称丈夫去世的父亲为先舅。

④先姑：妻子称丈夫去世的母亲为先姑。

⑤少姑：妻子称丈夫的庶母为少姑。

4.24　夫之兄为兄公[1]，夫之弟为叔[2]，夫之姊为女公[3]，夫之女弟为女妹[4]。

【注释】

①兄公：丈夫的兄长为兄公。

②叔：丈夫的弟弟为叔。

③女公：丈夫的姐姐。

④女妹：丈夫的妹妹。

4.25　子之妻为妇[1]：长妇为嫡妇[2]，众妇为庶妇[3]。

【注释】

①妇：儿媳。

②嫡妇：嫡长子之妻。

③庶妇：嫡子的众妾或庶子的妻妾。

4.26　女子子之夫为婿[1]。

【注释】

①婿：女婿。

4.27　婿之父为姻[1]，妇之父为婚[2]。

【注释】

①姻：女婿的父亲。

②婚：儿媳的父亲。

4.28　父之党①为宗族②，母与妻之党为兄弟③。

【注释】

①党：亲族。

②宗族：同宗同族之人。

③兄弟：统称亲戚。

4.29　妇之父母、婿之父母，相谓为婚姻。两婿相谓
为亚①。

【注释】

①亚：通"娅"，姐妹丈夫的互称，俗称连襟。

4.30　妇之党为婚兄弟①，婿之党为姻兄②弟。

【注释】

①婚兄弟：儿媳的亲族。

②姻兄：女婿的亲族。

4.31　嫔①，妇也。

【注释】

①嫔（pín）：古代帝女出嫁，宫廷女官都称为"嫔"，故作为死去
妻子的美称。

4.32　谓我舅者①，吾谓之甥也。——婚姻②。

【注释】

①谓我舅者，吾谓之甥：叫我舅舅的人，我叫他甥。

②婚姻：婚姻之类的亲属关系。

释宫第五

5.1 宫谓之室，室谓之宫①。

【注释】

①宫：房屋、居室的通称。

5.2 牖①户之间谓之扆②，其内谓之家。东西墙谓之序。

【注释】

①牖（yǒu）户：窗与门。

②扆（yǐ）：堂室的窗门之间的地方。

5.3 西南隅①谓之奥，西北隅谓之屋漏，东北隅谓之宧②，东南隅谓之窔③。

【注释】

①隅（yú）：本义为山水弯曲处，引申为角、角落。

②宧：音yí。

③窔：音yǎo，又读yào。

5.4 枨①谓之阈。枨②谓之楔。楣③谓之梁。枢④谓之椳。枢达北方谓之落时⑤，落时谓之戺⑥。

【注释】

①枨（zhì）：门槛。

②枨 (chéng)：门两旁竖立的木柱。

③楣：门框上边的横木。

④枢 (shū)：门枢，指承托门轴的门臼。

⑤落时：古代宫室撑持门轴的木头。

⑥㧾 (shì)：门轴。

5.5　塊①谓之坫②。墙谓之墉③。

【注释】

①塊 (guì)：堂内放置物品的土台。

②坫 (diàn)：筑在堂内的土台。

③墉 (yōng)：本义为城墙，引申为高墙。

5.6　镘①谓之杇②。椹③谓之榩④。地谓之黝⑤。墙谓之垩⑥。

【注释】

①镘 (màn)：泥瓦工用来涂刷墙壁的工具。

②杇：音wū。

③椹 (zhēn)：斫木垫板。

④榩：音qián。

⑤黝 (yǒu)：涂饰黑色。

⑥垩 (è)：涂饰白色。

5.7　樴①谓之杙。在墙者谓之楎②，在地者谓之臬③。大者谓之栱④，长者谓之阁⑤。

【注释】

①樴 (zhí)：小木桩。

②楎 (huī)：钉在墙上用来悬挂衣服的木橛。

③臬（niè）：观测日影的标杆。

④栱（gǒng）：在立柱与横梁交接处向外伸出成弓形的承重结构。

⑤闑：开门后插在两旁用来固定门扇的长木桩。

5.8　阇①谓之台，有木者谓之榭②。

【注释】

①阇（dū）：城门上的台。

②榭（xiè）：建在高台上的木屋。

5.9　鸡栖于弋①为榤②，凿垣而栖为埘③。

【注释】

①弋（yì）：木桩。

②榤（jié）：鸡栖息的木桩。

③埘（shí）：凿墙壁做成的鸡窝。

5.10　植①谓之传，传谓之突。

【注释】

①植：门外闭时用以加锁的中立直木。

5.11　㮊庮①谓之梁，其上楹谓之棁②。闑谓之槉③。栭谓之楶④。栋谓之桴⑤。桷谓之榱⑥。桷直而遂谓之阅⑦，直不受檐谓之交⑧。檐谓之樀⑨。

【注释】

①㮊（máng）庮（liù）：房屋的大梁。

②棁（zhuō）：梁上的短柱。

③闑（biàn）：门柱上的斗拱。槉（jí），即栱。

④栭（ér）：柱上支撑大梁的方木。楶（jié）：斗栱。

⑤桴（fú）：房屋的二梁，亦泛指房栋。

⑥桷（jué）：方形的椽子。榱（cuī），房椽。

⑦阅：长而直达于檐的桷。

⑧交：短的房椽。

⑨樀（dí）：屋檐。

5.12　容①谓之防。

【注释】

①容：本义为容纳，引申为射礼唱获者用以防箭的遮蔽物小屏风。

5.13　连①谓之簃②。

【注释】

①连：同"梿"，堂楼阁边的小屋。

②簃：音yí。

5.14　屋上薄①谓之筄②。

【注释】

①薄：帘子。

②筄（yào）：铺在椽上瓦下用以防漏的竹箔或苇箔。

5.15　两阶间谓之乡①。中庭之左右谓之位②。门屏之间谓之宁③。屏谓之树④。

【注释】

①乡（xiàng）：本义为朝向，引申为殿堂前两阶之间。

②位：群臣的列位。

③宁（zhù）：本义为伫立，引申为宫室门和屏之间。

④树：本义为竖立，引申为门屏、照壁。

5.16 閟①谓之门。

【注释】

①閟(bēng)：宗庙的门。

5.17 正门谓之应门①。

【注释】

①应门：王宫的正门。

5.18 观①谓之阙。

【注释】

①观(guàn)：宫门外的双阙。

5.19 宫中之门谓之闱①，其小者谓之闺②，小闺谓之阁③。衖门谓之闳④。

【注释】

①闱(wéi)：宫中小门。

②闺：宫中小门。

③阁(gé)：宫中小门。

④衖(xiàng)：同"巷"，胡同。

5.20 门侧之堂谓之塾①。

【注释】

①塾(shú)：宫门内外两侧的堂屋。

5.21 橛①谓之阑。阖②谓之扉。所以止扉谓之阁③。

【注释】

①橛：短木桩，指门中央所竖短木。

②閤 (hé)：门扇。

③阁：开门后插在两旁用来固定门扇的长木桩。

5.22　瓴甋①谓之甓②。

【注释】

①瓴 (líng) 甋 (dì)：长方形砖。

②甓：音 pì。

5.23　宫中衖谓之壸①。庙中路谓之唐②。堂途③谓之陈。

【注释】

①壸 (kǔn)：宫中巷舍之间的道路。

②唐：庙中的道路。

③堂途：堂下到院门的通道。

5.24　路、旅①，途也。路、场②、猷③、行④，道也。

【注释】

①旅：道路。

②场：道路。

③猷 (yóu)：道路。

④行 (háng)：道路。

5.25　一达①谓之道路，二达谓之歧旁②，三达谓之剧旁③，四达谓之衢④，五达谓之康⑤，六达谓之庄⑥，七达谓之剧骖⑦，八达谓之崇期⑧，九达谓之逵⑨。

【注释】

①达：通达。

②歧旁：通往两个方向的道路。

③剧旁：通往三个方向的道路。

④衢（qú）：通往四个方向的道路。

⑤康：通往五个方向的道路。

⑥庄：通往六个方向的道路。

⑦剧骖（cān）：通往七个方向的道路。

⑧崇期：通往八个方向的道路。

⑨逵（kuí）：通往九个方向的道路。

5.26　室中谓之时①，堂上谓之行②，堂下谓之步③，门外谓之趋④，中庭谓之走⑤，大路谓之奔⑥。

【注释】

①时：通"跱"（chì），徘徊不前，指安步慢行。

②行：在堂室慢走。

③步：在堂下行走。

④趋：在堂室之外快走。

⑤走：在堂室之外的庭中跑动。

⑥奔：在大路上快跑。

5.27　隄①谓之梁。石杠②谓之徛③。

【注释】

①隄（dī）：桥梁。

②石杠（gāng）：两头聚石，以木横架之，可以行如桥。

③徛（jì）：放在水中，露出水面用来过河的石头。

5.28　室有东西厢曰庙①，无东西厢有室曰寝②。无室曰榭③。四方而高曰台④。陕⑤而修曲曰楼⑥。

【注释】

①庙：古代结构完整的成套大屋。

②寝：只有室，没有东西厢房的叫寝。

③榭：没有室的厅堂或建筑。

④台：高处地方四边为方的称为台。

⑤陕（xiá）：同"狭"，狭窄。

⑥楼：城墙或土台上狭长而屈曲的建筑物。

释器第六

6.1　木豆①谓之豆。竹豆谓之笾②。瓦豆谓之登③。

【注释】

①豆：古代食器，也用作装酒肉的祭器。

②笾（biān）：竹制的豆。

③登：瓦制的豆。

6.2　盎①谓之缶。瓯②瓿③谓之瓵④。康瓠⑤谓之甈⑥。

【注释】

①盎（àng）：大腹小口的瓦器。

②瓯（ōu）：盆、盂一类的瓦器。

③瓿（bù）：陶或青铜制成的容器名。

④瓵（yí）：瓮、盆一类的瓦器。

⑤康瓠：破瓦壶、空壶。

⑥甈（qì）：破瓦壶。

6.3　斪斸①谓之定。斫谓之镯②。斛谓之䲹③。

【注释】

①斪（qú）斸（zhú）：锄头一类的农具。

②斫（zhuó）、镯（zhuó）：大锄。

③斛（qiāo）、䲹（chā）：锹。

6.4 缓①罟谓之九罭②。九罭，鱼罔也。嫠妇之笱谓之罶③，罺谓之汕④，篧⑤谓之罩，槮谓之涔⑥。

【注释】

①缓 (zòng) 罟 (gǔ)：捕小鱼的细网。

②九罭 (yù)：捕小鱼的细网。

③嫠 (lí) 妇之笱 (gǒu)、罶 (liǔ)：竹制的捕鱼器。

④罺 (cháo)、汕 (shàn)：抄网。

⑤篧 (zhuó)：用细竹编成的捕鱼的笼罩。

⑥槮 (sēn)、涔 (qián)：积柴木于水中用作捕鱼之具。

6.5 鸟罟谓之罗①。兔罟谓之罝②。麋罟谓之罞③。彘罟谓之羉④。鱼罟谓之罛⑤。繴谓之罿，罿，罦也。罦谓之罬，罬，覆车⑥也。

【注释】

①罗：捕鸟的网。

②罝 (jū)：捕兔子的网。

③罞 (máo)：捕麋鹿的网。

④羉 (luán)：捕猪的网。

⑤罛 (gū)：一种捕鱼的大网。

⑥繴 (bì)、罿 (chōng)、罬 (zhuó)、罦 (fú)、覆车：一种装设机关捕鸟兽的网。

6.6 绚①谓之救。

【注释】

①绚 (qú)：网罟的别名。

6.7 律①谓之分。

【注释】

①律：捕鸟的长柄网。

6.8　大版谓之业①。

【注释】

①业：古代乐器架横木上悬挂钟、鼓等刻如锯齿的大版。

6.9　绳之①谓之缩之。

【注释】

①绳之：用绳索约束筑版。

6.10　彝①、卣②、罍③，器也。小罍谓之坎④。

【注释】

①彝（yí）：宗庙常用的青铜器的总名。

②卣（yǒu）：一种中型的青铜酒器。

③罍（léi）：一种盛酒的器具。

④坎：盛酒器，形如壶，很小。

6.11　衣梳谓之祝①。黼领谓之襮②。缘谓之纯③。袕谓之裒④。衣眥⑤谓之襟。衱谓之裾⑥。衿谓之袸⑦。佩衿谓之褑⑧。执衽谓之袺⑨。扱衽谓之襭⑩。衣蔽前谓之襜⑪。妇人之祎谓之缡⑫。缡，緌⑬也。裳削幅谓之襈⑭。

【注释】

①衣梳（liú）、祝（ní）：衣缕。

②黼（fǔ）、襮（bó）：绣有黼形花纹的衣领。

③缘（yuàn）、纯（zhǔn）：衣服的缘饰。

④袕（xué）、裒（yíng）：开孔的衣服。

⑤衣眥（zì）：衣领的交接处。

⑥衱（jié）、裾（jū）：衣服的后襟。

⑦衿（qìn）、袸（jiàn）：系衣服的小带。

⑧褑（yuàn）：衣襟上佩玉的带子。

⑨袺（jié）：用手把衣襟往上提。

⑩扱（chā）衽、襭（xié）：把衣襟插在腰带上兜东西。

⑪襜（chān）：系在衣服前面的围裙。

⑫袆（huī）、缡（lí）：佩于前身可以蔽膝的佩巾。

⑬緌（ruí）：系结。

⑭襆（pú）：古代深衣的下裳。

6.12 舆①，革前谓之鞎②，后谓之笰③。竹，前谓之御④，后谓之蔽⑤。环谓之捐⑥，镳⑦谓之钀⑧。载辔谓之轙⑨，辔首谓之革⑩。

【注释】

①舆：本义是车厢，引申为车。

②鞎（hén）：车厢前面的革制遮蔽物。

③笰（fú）：车厢后面登车的门户上的革制遮蔽物。

④御：古代车厢前面的竹制装饰物。

⑤蔽：古代车厢后面的竹制装饰物。

⑥捐：穿缰绳的圆环。

⑦镳（biāo）：马嚼子。

⑧钀（niè）：勒马的工具。

⑨轙（yǐ）：车衡上贯穿缰绳的大环。

⑩革：马笼头。

6.13　饐谓之餯①,食饐谓之餲②。抟者谓之糷③,米者谓之糪④。肉谓之败⑤,鱼谓之馁⑥。

【注释】

①饐(hài)、餯(huì):食物变味发臭。

②饐(yì)、餲(ài):食物经久而变味。

③糷(làn):因水分大而蒸煮过度的饭。

④糪(bò):半生半熟的饭。

⑤败:肉变质了。

⑥馁:鱼类腐烂。

6.14　肉曰脱①之,鱼曰斮②之。

【注释】

①脱:剥皮。

②斮(zhuó):鱼剥去鳞。

6.15　冰①,脂也。

【注释】

①冰(níng):脂膏。

6.16　肉谓之羹①,鱼谓之鮨②。肉谓之醢③,有骨者谓之臡④。

【注释】

①羹:带有肉类的浓汁食物。

②鮨(qí):鱼酱。

③醢(hǎi):肉酱。

④臡(ní):带骨的肉酱。

6.17 康^①谓之蛊。

【注释】

①康：同"糠"，稻、麦、谷子等子实脱下来的皮或壳。

6.18 淀谓之垽^①。

【注释】

①垽（yìn）：泥渣。

6.19 鼎^①绝大谓之鼐^②，圜^③弇上谓之鼒^④，附耳外谓之钘^⑤，款足^⑥者谓之鬲。

【注释】

①鼎：古代器物，常见的为圆腹三足两耳，用于煮、盛物品。

②鼐（nài）：大鼎。

③圜（yuán）：本义指天，引申为圆形。

④鼒（zī）：小口的鼎。

⑤钘（yì）：附耳在唇外的方鼎。

⑥款足：中间空的鼎足。

6.20 甑谓之鬵。鬵，鉹^①也。

【注释】

①甑（zèng）、鬵（qín）、鉹（chǐ）：釜类烹器。

6.21 璲^①，瑞也。玉十谓之区^②。

【注释】

①璲（suì）：瑞玉名。

②区：玉的计算单位，十件玉为区。

6.22　羽本谓之翮①。一羽谓之箴,十羽谓之绲②,百羽谓之緷③。

【注释】

①翮 (hé):鸟羽茎下端的中空部分。

②绲 (zhuàn):羽毛的数量名称,十根羽毛捆在一起。

③緷 (gǔn):羽毛的数量名称,百根羽毛捆在一起。

6.23　木谓之虡①。

【注释】

①虡 (jù):悬挂钟鼓木架的两侧立柱。

6.24　旄谓之藄①。

【注释】

①旄 (máo)、藄 (bēi):牦牛尾,古代舞者手拿的牛尾。

6.25　菜谓之蔌①。

【注释】

①蔌 (sù):蔬菜的总称。

6.26　白盖谓之苫①。

【注释】

①苫 (shān):用茅草编制的覆盖物。

6.27　黄金谓之璗①,其美者谓之镠②。白金谓之银,其美者谓之镣③。饼金谓之钣④。锡谓之钖⑤。

【注释】

①璗 (dàng):黄金。

②镠（liú）：纯美的黄金，又称紫磨金。

③镣（liáo）：精美的白银。

④铼（bǐng）、钣（bǎn）：饼状的金银块。

⑤钖（yǐn）：锡。

6.28　象谓之鹄①，角谓之觷②，犀谓之剒③，木谓之剫④，玉谓之雕⑤。

【注释】

①鹄（hú）：加工象牙。

②觷（xué）：加工兽角。

③剒（cuò）：加工犀牛角。

④剫（duó）：加工木料。

⑤雕：雕刻，制玉的工艺。

6.29　金谓之镂①，木谓之刻，骨谓之切，象谓之磋②，玉谓之琢③，石谓之磨。

【注释】

①镂：雕刻金属。

②磋（cuō）：雕刻象牙制品。

③琢：加工玉石。

6.30　璆、琳①，玉也。

【注释】

①璆（qiú）、琳（lín）：美玉名。

6.31　简谓之毕①。

【注释】

①毕：古代用来书写的竹简。

6.32　不律①谓之笔。

【注释】

①不律：笔。

6.33　灭谓之点①。

【注释】

①灭、点：涂掉文字。

6.34　绝泽①谓之铣②。

【注释】

①绝泽：极度有光泽。

②铣（xiǎn）：最有光泽的金属。

6.35　金镞①翦②羽谓之鍭③，骨镞不翦羽谓之志④。

【注释】

①镞（zú）：箭头。

②翦（jiǎn）：剪除。

③鍭（hóu）：箭头。

④志：以骨头制成箭头，不齐羽的叫志。

6.36　弓①有缘②者谓之弓，无缘者谓之弭③。以金者谓之铣④，以蜃者谓之珧⑤，以玉者谓之珪⑥。

【注释】

①弓：射箭或打弹的器械。

②缘：指弓的两头的骨饰。

③弭（mǐ）：末端用角、骨装饰而不用丝绳装饰的弓。

④铣（xiǎn）：弓两端用金装饰。

⑤珧（yáo）：用蛤、蚌之壳装饰的弓。

⑥珪（guī）：用玉装饰的弓。

6.37　珪^①大尺二寸谓之玠^②。璋^③大八寸谓之琡^④。璧大六寸谓之宣。肉倍好谓之璧，好倍肉^⑤谓之瑗^⑥，肉好若一谓之环。

【注释】

①珪：同"圭"，瑞玉名。

②玠（jiè）：大圭。

③璋（zhāng）：瑞玉名。

④琡（chù）：八寸的璋。

⑤好、肉：中间有孔的环状物的边和孔。

⑥瑗（yuàn）：孔大边小的璧。

6.38　繸^①，绶^②也。

【注释】

①繸（suì）：古代贯穿佩玉的带子。

②绶（shòu）：用来系佩玉和印章等的丝带。

6.39　一染谓之縓^①，再染谓之赪^②，三染谓之纁^③。青谓之葱，黑谓之黝。斧谓之黼^④。

【注释】

①縓（quán）：浅红色。

②赪（chēng）：浅红色。

③纁（xūn）：浅红色。

④斧、黼（fǔ）：礼服上黑白相间的斧形花纹。

6.40　邸①谓之柢。

【注释】

①邸：通"柢"，根柢。

6.41　雕谓之琢①。

【注释】

①雕、琢：加工玉石。

6.42　蓐①谓之兹。

【注释】

①蓐（rù）：草席。

6.43　竿谓之箷①。

【注释】

①箷（yí）：衣架。

6.44　篑谓之第①。

【注释】

①篑（zé）、第（zǐ）：用竹篾等编成的床垫。

6.45　革中绝①谓之辨②，革中辨谓之韏③。

【注释】

①绝：割断。

②辨（piàn）：皮革中断。

③觠（quàn）：再从皮革中间分开。

6.46　镂，锼^①也。

【注释】

①锼（sōu）：刻镂。

6.47　卣^①，中尊也。

【注释】

①卣（yǒu）：一种中型的青铜酒器。

释乐第七

7.1 宫^①谓之重,商谓之敏,角谓之经,徵谓之迭,羽^②谓之柳。

【注释】

①宫:古代五声音阶的第一音阶,又称重。

②商、角、徵(zhǐ)、羽:分别为五音之一。

7.2 大瑟^①谓之洒^②。

【注释】

①瑟(sè):拨弦乐器,形状像古琴,每弦一柱,无徽位。

②洒:大瑟之名。

7.3 大琴^①谓之离^②。

【注释】

①琴:拨弦乐器,琴身狭长,木质音箱,面板外侧有十三徽,底板有二孔供出音。

②离:大琴之名。

7.4 大鼓谓之鼖^①,小者谓之应^②。

【注释】

①鼖(fén):八尺而两面的军用大鼓。

②应(yìng):小鼓。

7.5　大磬①谓之馨②。

【注释】

①磬（qìng）：打击乐器，如曲尺，用玉、石或金属制成，悬挂于架上。

②馨（xiāo）：大磬。

7.6　大笙①谓之巢，小者谓之和②。

【注释】

①笙（shēng）：簧管乐器，由十三至十九根簧管和一根吹气管装在锅形座上构成。

②和：小笙。

7.7　大篪①谓之沂②。

【注释】

①篪（chí）：古代一种竹制的管乐器。

②沂（yín）：大篪。

7.8　大埙①谓之嘂②。

【注释】

①埙（xūn）：一种陶制的吹奏乐器。

②嘂（jiào）：大埙。

7.9　大钟①谓之镛②，其中谓之剽③，小者谓之栈④。

【注释】

①钟：一种打击乐器，中空，用铜或铁制成，悬挂在架上，用槌敲击发音。

②镛（yōng）：大钟。

③剽（piáo）：中等钟。

④栈（zhǎn）：小钟。

7.10 大箫①谓之言，小者谓之筊②。

【注释】

①箫：古代一种竹制管乐器，用一组长短不等的竹管按照音律编排而成，就是排箫。

②筊（jiǎo）：小箫。

7.11 大管①谓之簥②，其中谓之篞③，小者谓之篎④。

【注释】

①管：古代乐器，长一尺，有六个孔。

②簥（jiāo）：大管。

③篞（niè）：中等管。

④篎（miǎo）：小管。

7.12 大籥①谓之产，其中谓之仲②，小者谓之箹③。

【注释】

①籥（yuè）：管乐器，像笛子，短管，有三孔或六孔。

②仲：中等籥。

③箹（yuè）：小籥。

7.13 徒①鼓瑟谓之步，徒吹谓之和，徒歌谓之谣，徒击鼓谓之咢②，徒鼓钟谓之修，徒鼓磬谓之寋③。

【注释】

①徒：只、仅仅。

②咢（è）：只击鼓不伴以其他乐器。

③謇（jiǎn）：只击磬不伴以其他乐器。

7.14　所以鼓柷①谓之止，所以鼓敔②谓之籈③。

【注释】

①柷（zhù）：古代一种木制的方斗形打击乐器，奏乐开始时击之。

②敔（yǔ）：古代一种木制的虎形打击乐器。

③籈（zhēn）：击敔所用的木板。

7.15　大鼗①谓之麻，小者谓之料。

【注释】

①鼗（táo）：长柄摇鼓，俗称拨浪鼓。

7.16　和乐谓之节①。

【注释】

①节：敲击以控制音乐节奏的乐器。

释天第八

8.1　穹苍^①，苍天也。

【注释】

①穹（qióng）苍：苍天。

8.2　春为苍天^①，夏为昊天^②，秋为旻天^③，冬为上天^④。——四时。

【注释】

①苍天：春天。

②昊天：夏天。

③旻（mín）天：秋天。

④上天：冬天。

8.3　春为青阳^①，夏为朱明^②，秋为白藏^③，冬为玄英^④。四气和谓之玉烛^⑤。

【注释】

①青阳：春天。

②朱明：夏天。

③白藏：秋天。

④玄英：冬天。

⑤玉烛：指四时之气和畅。

8.4 春为发生①，夏为长嬴②，秋为收成③，冬为安宁④。四时和为通正⑤，谓之景风⑥。

【注释】

①发生：春天。

②长嬴：夏天。

③收成：秋天。

④安宁：冬天。

⑤通正：通畅祥和。

⑥景风：祥和之风。

8.5 甘雨①时降，万物以嘉，谓之醴泉②。——祥③。

【注释】

①甘雨：适时好雨。

②醴（lǐ）泉：本义为甜美的泉水，引申为及时之雨。

③祥：祥瑞。

8.6 谷不熟为饥①，蔬不熟为馑②，果不熟为荒③。仍④饥为荐⑤。——灾⑥。

【注释】

①饥：五谷不成，收成不好。

②馑：蔬菜歉收。

③荒：瓜果歉收。

④仍：接连。

⑤荐：连年灾荒。

⑥灾：灾荒。

8.7　大岁①在甲曰阏逢②，在乙曰旃蒙③，在丙曰柔兆④，在丁曰强圉⑤，在戊曰著雍⑥，在己曰屠维⑦，在庚曰上章⑧，在辛曰重光⑨，在壬曰玄黓⑩，在癸曰昭阳⑪。——岁阳⑫。

【注释】

①大（tài）岁：古代天文学中假设的岁星，又称岁阴或太阴。

②阏（yān）逢（péng）：天干中"甲"的别称，用以纪年。

③旃（zhān）蒙：天干中乙的别称。

④柔兆：天干中丙的别称。

⑤强圉：天干中丁的别称。

⑥著雍：天干中戊的别称。

⑦屠维：天干中己的别称。

⑧上章：天干中庚的别称。

⑨重光：天干中辛的别称。

⑩玄黓（yì）：天干中壬的别称。

⑪昭阳：天干中癸的别称。

⑫岁阳：又称"岁雄"，古代以干支纪年，十天干叫"岁阳"。

8.8　太岁在寅曰摄提格①，在卯曰单阏②，在辰曰执徐③，在巳曰大荒落④，在午曰敦牂⑤，在未曰协洽⑥，在申曰涒滩⑦，在酉曰作噩⑧，在戌曰阉茂⑨，在亥曰大渊献⑩，在子曰困敦⑪，在丑曰赤奋若⑫。

【注释】

①摄提格：古代干支纪年，寅年的别称。

②单（chán）阏（yè）：古代干支纪年，卯年的别称。

③执徐：古代干支纪年，辰年的别称。

④大荒落：古代干支纪年，巳年的别称。

⑤敦牂：古代干支纪年，午年的别称。

⑥协洽：古代干支纪年，未年的别称。

⑦涒（tūn）滩（tān）：古代干支纪年，申年的别称。

⑧作噩：古代干支纪年，酉年的别称。

⑨阉茂：古代干支纪年，戌年的别称。

⑩大渊献：古代干支纪年，亥年的别称。

⑪困敦：古代干支纪年，子年的别称。

⑫赤奋若：古代干支纪年，丑年的别称。

8.9　载^①，岁也。夏曰岁^②，商曰祀^③，周曰年，唐虞曰载^④。——岁名^⑤。

【注释】

①载：岁、年的意思。

②岁：夏朝称年为岁。

③祀：商朝称年为祀。

④载：唐尧和虞舜称年为载。

⑤岁名：岁的名称。

8.10　月在甲曰毕^①，在乙曰橘^②，在丙曰修^③，在丁曰圉^④，在戊曰厉^⑤，在己曰则^⑥，在庚曰窒^⑦，在辛曰塞^⑧，在壬曰终^⑨，在癸曰极^⑩。——月阳^⑪。

【注释】

①毕：月亮在甲称为毕。

②橘：月亮在乙称为橘。

③修:月亮在丙称为修。

④圉:月亮在丁称为圉。

⑤厉:月亮在戊称为厉。

⑥则:月亮在己称为则。

⑦窒:月亮在庚称为窒。

⑧塞:月亮在辛称为塞。

⑨终:月亮在壬称为终。

⑩极:月亮在癸称为极。

⑪月阳:古代十天干纪月的别名。这一套月阳名称见于《史记·历书》。

8.11　正月为陬①,二月为如②,三月为㝃③,四月为余④,五月为皋⑤,六月为且⑥,七月为相⑦,八月为壮⑧,九月为玄⑨,十月为阳⑩,十一月为辜⑪,十二月为涂⑫。——月名。

【注释】

①陬(zōu):农历正月的别称。

②如:农历二月的别称。

③㝃(bǐng):农历三月的别称。

④余:农历四月的别称。

⑤皋:农历五月的别称。

⑥且(jū):农历六月的别称。

⑦相(xiàng):农历七月的别称。

⑧壮:农历八月的别称。

⑨玄:农历九月的别称。

⑩阳:农历十月的别称。

⑪辜：农历十一月的别称。

⑫涂：农历十二月的别称。

8.12　南风谓之凯风①，东风谓之谷风②，北风谓之凉风③，西风谓之泰风④。

【注释】

①凯风：和暖的风，指南风。

②谷风：东风，谷物生长之风。

③凉风：秋风。

④泰风：西风、大风。

8.13　焚轮①谓之颓，扶摇谓之猋②。风与火为庉③。回风④为飘。

【注释】

①焚轮：旋风、龙卷风，从上而下的暴风。

②扶摇、猋(biāo)：飙风，自下而上的暴风。

③庉(tún)：风因火猛，火因风烈。

④回风：旋风。

8.14　日出而风为暴，风而雨土为霾①，阴而风为曀②。

【注释】

①霾(mái)：大风卷夹尘土。

②曀(yì)：天阴而有风。

8.15　天气下，地不应曰雾①。地气发，天不应曰雾②。雾谓之晦③。

①霿（méng）：天上空气下降，大地不去接应。

②雾：地上空气上升，上天不去接应叫雾。

③晦：有雾。

8.16　蝃蝀①谓之雩②。蝃蝀，虹也。蜺③为挈贰④。

【注释】

①蝃（dì）蝀（dōng）：虹的别称。

②雩（yù）：古代方言中虹的别称。

③蜺（ní）：副虹。

④挈（qiè）贰：雌虹、雌蜺的别称。

8.17　弇日①为蔽云。

【注释】

①弇（yǎn）日：五彩云气遮住太阳。

8.18　疾雷为霆霓①。

【注释】

①霆霓：暴雷、疾雷。

8.19　雨霓①为霄②雪。

【注释】

①霓（xiàn）：小雪粒、雪珠，多在下雪前和下雪时降落。

②霄（xiāo）：米雪、雪珠，下雪珠。

8.20　暴雨谓之涷①，小雨谓之霡霂②，久雨谓之淫③，淫谓之霖④。济⑤谓之霁。——风雨。

①涷（dōng）：暴雨。

②霡（mài）霂（mù）：小雨。

③淫（yín）：久雨。

④霖（lín）：久雨。

⑤济：止，特指雨止。

8.21　寿星^①，角、亢^②也。天根^③，氐也。

【注释】

①寿星：十二星次之一。

②角、亢：两个星宿名，为寿星次中。

③天根：即氐宿。东方七宿中的第三宿。

8.22　天驷^①，房也。大辰^②，房、心、尾也。大火^③谓之大辰。

【注释】

①天驷（sì）、房：东方七宿中的第四宿。

②大辰：苍龙七宿中的房、心、尾三宿的别称。

③大火：即心宿，十二星宿之一。

8.23　析木谓之津^①，箕、斗^②之间，汉津^③也。

【注释】

①析木谓之津：析木星次的别称。

②箕、斗：箕和斗分别为十二星宿之一。

③汉津：又称天河，即银河。

8.24　星纪^①，斗、牵牛^②也。

【注释】

①星纪：星次名。

②斗、牵牛：星宿名，二十八宿之一。

8.25 玄枵①，虚也。颛顼②之虚，虚也。北陆③，虚也。

【注释】

①玄枵（xiāo）：星次名，十二星次之一，与二十八宿相配为女、虚、危三宿。

②颛（zhuān）顼（xū）：虚宿的别称，位在北方，为二十八宿之一。

③北陆：虚宿的别称，位在北方，为二十八宿之一。

8.26 营室①谓之定。娵觜②之口，营室、东壁也。

【注释】

①营室：古指室、壁二宿，后来专指室宿。

②娵（jū）觜（zī）：二十八宿的室宿和壁宿，即营室、东壁。

8.27 降娄①，奎、娄也。

【注释】

①降娄（lóu）：星次名，十二星次之一，与二十八宿相配为奎、娄两宿。

8.28 大梁①，昴②也。西陆③，昴也。

【注释】

①大梁：星次名，包括胃、昴、毕三宿。

②昴（mǎo）：二十八宿之一。

③西陆：昴宿的别名，在西方七宿之中。

8.29 浊①谓之毕。

【注释】

①浊：毕宿的别名。

8.30 咮①谓之柳。柳，鹑火②也。

【注释】

①咮（zhòu）：柳宿的别称，为南方朱鸟七宿的第三宿。

②鹑火：星次名。朱鸟七宿中部柳、星、张三宿称为鹑火。

8.31 北极①谓之北辰。

【注释】

①北极：北极星，也叫北辰星。

8.32 何鼓①谓之牵牛。

【注释】

①何（hè）鼓：即河鼓，又叫牵牛星。

8.33 明星①谓之启明。

【注释】

①明星：启明星。

8.34 彗星为欃枪①。

【注释】

①欃（chán）枪：彗星的别名。

8.35 奔星为彴约①。——星名。

【注释】

①彴（bó）约：流星。

8.36　春祭曰祠①，夏祭曰礿②，秋祭曰尝③，冬祭曰烝④。

【注释】

①祠：古代春天举行的祭祀。

②礿（yuè）：古代夏天举行的祭祀。

③尝：古代秋天举行的祭祀。

④烝：古代冬天举行的祭祀。

8.37　祭天曰燔柴①，祭地曰瘗薶②。

【注释】

①燔（fán）柴：积柴焚烧牲体、玉帛以祭天。

②瘗（yì）薶（mái）：把牺牲等埋入地里以祭地。

8.38　祭山曰庪县①，祭川曰浮沉②。

【注释】

①庪（guǐ）县（xuán）：埋藏或悬挂祭品以祭山。

②浮沉：投祭品于水中以祭川。

8.39　祭星曰布①，祭风曰磔②。

【注释】

①布：布散祭品于地以祭星。

②磔（zhé）：分裂牲体以祭风。

8.40　"是禷①是祃②"，师祭③也。

【注释】

①禷（lèi）：祭祀名，古代因征战而祭天。

②祃（mà）：古代在军队驻地举行的祭祀。

③师祭：古代军队出兵时所行祭祀祈祷之礼。

8.41　"既伯^①既祷^②"，马祭^③也。

【注释】

①伯：古代一种祭祀马神的仪式。

②祷：古代一种祭祀马神的仪式。

③马祭：祭祀马神。

8.42　禘^①，大祭也。

【注释】

①禘（dì）：宗庙五年一次的大祭。

8.43　绎^①，又祭也。周曰绎，商曰肜^②，夏曰复胙^③。——祭名。

【注释】

①绎（yì）：周代称正祭的次日再进行的祭祀。

②肜（róng）：商代称祭祀的次日再进行的祭祀。

③复胙（zuò）：夏代称祭祀的次日再进行的祭祀。

8.44　春猎为蒐^①，夏猎为苗^②，秋猎为狝^③，冬猎为狩^④。

【注释】

①蒐（sōu）：春天打猎。

②苗：夏天打猎。

③狝（xiǎn）：秋天打猎。

④狩：冬天打猎。

8.45　宵田为獠①，火田为狩②。

【注释】

①宵田、獠（liáo）：夜间打猎。

②火田、狩：以火焚烧草木而田猎。

8.46　"乃立冢土①，戎丑②攸行③"，起大事④，动大众，必先有事⑤乎社⑥而后出，谓之宜。

【注释】

①冢土：大社，祭祀土地神的大坛。

②戎丑：兵众。

③攸行：前往。

④大事：军事行动。

⑤有事：祭祀。

⑥社：祭祀土地神的地方。

8.47　"振旅①阗阗②"，出为治兵③，尚威武④也。入为振旅，反尊卑⑤也。——讲武。

【注释】

①振旅：整顿军队。

②阗阗（tián）：众多、旺盛的样子。

③治兵：练兵。

④尚威武：崇尚威武，这里指练兵时，少壮走在前面。

⑤反尊卑：返回时，尊者在前，年轻人在后，恢复尊卑有序的礼仪。

8.48　素锦绸杠①，纁②帛縿③，素升龙④于縿，练⑤旐⑥九，饰以组⑦，维以缕⑧。

①绸杠（gāng）：缠裹旗杆。

②纁（xūn）：浅绛色。

③縿（shān）：旌旗的正幅，为旒所着之处。

④素升龙：白色头向上的龙。

⑤练：白色的熟绢。

⑥旒（liú）：旌旗悬垂的饰物。

⑦组：丝做的宽带。

⑧缕：线。

8.49　缁①广充幅长寻②曰旐③，继旐曰旆④。

【注释】

①缁（zī）：黑色的丝带。

②寻：八尺。

③旐（zhào）：古代画有龟蛇的旗子。

④旆（pèi）：旐末状如燕尾的垂旒。

8.50　注旄①首曰旌②。

【注释】

①注旄：附着牦牛尾。

②旌：古代用牦牛尾或五彩羽毛装饰杆头的旗子。

8.51　有铃曰旗①。

【注释】

①旗（qí）：古代画有两龙并在杆头悬铃的旗子。

8.52　错革鸟①曰旟②。

①错革鸟：画有鹰隼一类的鸟。

②旟（yú）：古代画有鸟隼图像的军旗。

8.53　因章^①曰旃^②。——旌旗。

①因章：依据花纹色彩。

②旃（zhān）：赤色、无装饰、曲柄的旗。

释地第九

9.1 两河^①间曰冀州。

【注释】

①两河:战国到秦国时黄河流至中下游分为两支,即东河、西河,当时合称"两河"。

9.2 河南^①曰豫州。

【注释】

①河南:黄河以南的地方。

9.3 河西^①曰雍州。

【注释】

①河西:黄河以西的地方。

9.4 汉南^①曰荆州。

【注释】

①汉南:汉水之南至衡山之间的地方。

9.5 江南^①曰扬州。

【注释】

①江南:长江以南至东海之间的地方。

9.6 济河^①间曰兖州。

【注释】

①济河：自黄河以东至古济水之间的地区。

9.7　济东①曰徐州。

【注释】

①济东：从古济水以东至东海之间的地区。

9.8　燕①曰幽州。

【注释】

①燕：指战国燕地所属的地区。

9.9　齐①曰营州。——九州②。

【注释】

①齐：指战国时期齐国所属地区。

②九州：古代中国分为九州，但说法不一。《尚书·禹贡》中说冀、兖、青、徐、扬、荆、豫、梁、雍为九州。

9.10　鲁有大野①。

【注释】

①鲁有大野：今山东巨野县东北，是春秋战国时期鲁国属地，这一地区的大湖泽称为大野。

9.11　晋有大陆①。

【注释】

①晋有大陆：今陕西大部、河北西南部、河南北部和陕西一角是春秋时晋国属地，这里的大湖泽称为大陆。

9.12　秦有杨陓①。

【注释】

①杨陓 (yū)：古泽名，具体位置已不可考。

9.13 宋有孟诸[①]。

【注释】

①宋有孟诸：今河南商丘东北、虞城西北，是春秋时宋国属地，那里的大湖泽称为孟诸。

9.14 楚有云梦[①]。

【注释】

①云梦：古泽名。其属地历来说法不一，大致为今天湖南、湖北境内。

9.15 吴越之间有具区[①]。

【注释】

①具区：古泽名。即今太湖。

9.16 齐有海隅[①]。

【注释】

①齐有海隅：指战国时期齐国所属地区有辽阔的海滨，以后泛指沿海地区。

9.17 燕有昭余祁[①]。

【注释】

①昭余祁：古泽名。在今天山西祁县西南、介休东北，为战国燕国属地。

9.18 郑有圃田[①]。

【注释】

①圃田：古泽名。在今河南中牟西。

9.19　周有焦护①。——十薮②。

【注释】

①焦护：古泽名。指周代岐山、镐京地区。

②十薮(sǒu)：泛指湖泽，亦指水少而草木丰茂的沼泽。

9.20　东陵①，阢②。南陵，息慎。西陵，威夷。中陵，朱滕。北陵，西隃③，雁门是也。

【注释】

①陵：大土山。

②阢(xìn)：即东陵。

③西隃(shù)：即雁门山。

9.21　陵莫大于加陵①。

【注释】

①加陵：有的写作"柯陵"。

9.22　梁莫大于溴梁①。

【注释】

①溴(jú)梁：溴水边的大堤。梁，挡水的大堤。

9.23　坟莫大于河坟①。——八陵。

【注释】

①河坟：黄河大堤。坟，水边高地、堤岸。

9.24　东方之美者，有医无闾①之珣玕琪②焉。

【注释】

①医无闾: 山名。

②珣 (xún) 玗 (yú) 琪: 夷玉, 一种美玉。

9.25　东南之美者, 有会稽①之竹箭焉。

【注释】

①会 (kuài) 稽: 山名, 在浙江绍兴市南。

9.26　南方之美者, 有梁山①之犀象②焉。

【注释】

①梁山: 指湖南衡山。

②犀象: 犀牛皮和象牙。

9.27　西南之美者, 有华山①之金石②焉。

【注释】

①华 (huà) 山: 在陕西华阴南。

②金石: 黄金美石。

9.28　西方之美者, 有霍山①之多珠玉②焉。

【注释】

①霍山: 在今山西霍州市东南。

②珠玉: 美玉。

9.29　西北之美者, 有昆仑虚①之璆琳琅玕②焉。

【注释】

①昆仑虚: 昆仑山。

②璆 (qiú) 琳琅 (láng) 玕 (gān): 各种精美的玉石。

9.30 北方之美者,有幽都①之筋角②焉。

【注释】

①幽都:山名。

②筋角:兽畜的筋和角。

9.31 东北之美者,有斥山①之文皮②焉。

【注释】

①斥(chì)山:在今山东荣城南。

②文皮:有文彩的兽皮。

9.32 中有岱岳①,与其五谷鱼盐生焉。——九府。

【注释】

①岱岳:泰山。

9.33 东方有比目鱼焉,不比不行①,其名谓之鲽②。

【注释】

①不比不行:不两鱼合并就不能行。比,合并。

②鲽(dié):即比目鱼。

9.34 南方有比翼鸟焉,不比不飞,其名谓之鹣鹣①。

【注释】

①鹣鹣(jiān):即比翼鸟。

9.35 西方有比肩兽焉,与邛邛①岠虚比,为邛邛岠虚啮②甘草,即有难,邛邛岠虚负而走,其名谓之蟨③。

【注释】

①邛邛(qióng)岠(jù)虚:兽名。传说此兽前足长,后足短,善跑而不善觅食。

②啮 (niè)：咬。

③蹶 (jué)：兽名。传说此兽前足短，后足长，善觅食而不善跑。

9.36　北方有比肩民①焉，迭②食而迭望。

【注释】

①比肩民：传说中半身之人，只有一只眼、一个胳膊，一只脚，需两个人配合才能生活。

②迭：更替、轮流。

9.37　中有枳首蛇①焉。

【注释】

①枳 (zhǐ) 首蛇：两头蛇。

9.38　此四方中国之异气①也。——五方。

【注释】

①异气：异常之物。

9.39　邑①外谓之郊，郊②外谓之牧，牧③外谓之野④，野外谓之林⑤，林外谓之坰⑥。

【注释】

①邑 (yì)：京城、国都，也指村落、城镇。

②郊：邑的外部叫郊，距离国都六十里。

③牧：郊外之地，距离国都七十里。

④野：牧外之地，距离国都八十里。

⑤林：野外之地，距离国都九十里。

⑥坰 (jiōng)：林外之地，距离国都一百里。

9.40　下湿曰隰①。大野曰平，广平曰原，高平曰陆，大陆曰阜②，大阜曰陵，大陵曰阿③。

【注释】

①下湿、隰 (xí)：低湿的地方。

②大陆、阜：高而平的地方。

③大陵、阿 (ē)：大的丘陵。

9.41　可食者^①曰原。陂者曰阪^②。下者曰隰。

【注释】

①可食者：可以种庄稼的地方。

②陂 (bēi)、阪 (bǎn)：山坡、斜坡。

9.42　田一岁曰菑^①，二岁曰新田，三岁曰畲^②。——野^③。

【注释】

①菑 (zī)：初耕的田地。

②畲 (yú)：耕种过三年的田地。

③野：郊野。

9.43　东至于泰远^①，西至于邠国^②，南至于濮铅^③，北至于祝栗^④，谓之四极。

【注释】

①泰远：又写作"太远"，古代传说中的东方极远之国。

②邠 (bīn) 国：古代传说中的西方极远之国。

③濮铅：古代传说中的南方极远之国。

④祝栗：古代传说中的北方极远之国。

9.44　觚竹、北户、西王母、日下^①，谓之四荒^②。

【注释】

①觚 (gū) 竹、北户、西王母、日下：古国名。

②四荒：四方荒远之地。

9.45　九夷、八狄、七戎、六蛮^①，谓之四海^②。

【注释】

①九夷、八狄、七戎、六蛮：泛指四方不同的民族。

②四海：指四方不同民族居住的地域。

9.46　岠^①齐州以南戴日^②为丹穴^③，北戴斗^④极^⑤为空桐^⑥，东至日所出为大平^⑦，西至日所入为大蒙^⑧。

【注释】

①岠：通"距"，距离。

②戴日：正对着太阳。戴，正对着。

③丹穴：传说中的地名。

④斗：北斗星。

⑤极：北极星。

⑥空桐：又做空同，传说中北方极远的地方。

⑦大平：向东极远到太阳出来的地方。大，又做"太"。

⑧大蒙：又做"太蒙"，向西极远到日落的地方。

9.47　大平之人仁^①，丹穴之人智^②，大蒙之人信^③，空桐之人武^④。——四极。

【注释】

①大平之人仁：居住在大平之地的人仁义。

②丹穴之人智：居住在丹穴之地的人聪明。

③大蒙之人信：居住在大蒙之地的人讲信用。

④空桐之人武：居住在空桐之地的人勇武。

释丘第十

10.1　丘^①，一成为敦丘^②，再成为陶丘^③，再成锐上为融丘^④，三成为昆仑丘^⑤。

【注释】

①丘：自然形成的小土山。

②敦丘：堆积一层的小丘。

③陶丘：堆积两层的小丘。

④融丘：堆积两层且尖顶的小丘。

⑤昆仑丘：堆积三层的小丘。

10.2　如乘者，乘丘^①。如陼者，陼丘^②。

【注释】

①乘丘：形同马车的土丘。

②陼（zhǔ）丘：像水中小洲的小土山。

10.3　水潦所止，泥丘^①。

【注释】

①泥丘：顶部有凹洼积水的山丘。

10.4　方丘^①，胡丘。

【注释】

①方丘：四方形的小山丘。

10.5　绝高为之^①，京^②。非人为之，丘^③。

【注释】

①为之：称为。

②京：人工造成的大丘。

③丘：不是人工造成，自然形成的叫丘。

10.6　水潦所还，埒丘^①。

【注释】

①埒(liè)丘：四周被水环绕、有边界的高地。

10.7　上正，章丘^①。

【注释】

①章丘：顶上平正的土丘。

10.8　泽中有丘，都丘^①。

【注释】

①都丘：水泽中的高地。

10.9　当途，梧丘^①。

【注释】

①梧丘：道路中的土山。

10.10　途出其右而还之，画丘^①。途出其前，戴丘^②。途出其后，昌丘^③。

【注释】

①画丘：被道路环绕的山丘。

②戴丘：被道路绕过南侧的山丘。

③昌丘：被道路绕过北侧的山丘。

10.11　水出其前，渻丘①。水出其后，沮丘②。水出其右，正丘③。水出其左，营丘④。

【注释】

①渻（shěng）丘：有河水流过山丘的南侧。

②沮（jǔ）丘：有河水流过山丘的北侧。

③正丘：有河水流过山丘的东侧。

④营丘：有河水流过山丘的西侧。

10.12　如覆敦①者，敦丘。

【注释】

①敦（duì）：古代一种像碗的盛器。形状像扣覆的大碗之状的叫敦丘。

10.13　逦迤①，沙丘。

【注释】

①逦（lǐ）迤（yǐ）：曲折绵延的样子。

10.14　左高，咸丘①。右高，临丘②。前高，旄丘③。后高，陵丘④。偏高，阿丘⑤。

【注释】

①咸丘：左高右低的高地。

②临丘：右高左低的高地。

③旄丘：前高后低的高地。

④陵丘：后高前低的高地。

⑤阿丘：四边有一边高的高地。

10.15　宛中,宛丘①。

【注释】

①宛丘:中央隆起比较高的丘。

10.16　丘背有丘,为负丘①。

【注释】

①负丘:两丘相连前低后高,好像丘背后还有一个丘。

10.17　左泽,定丘①。右陵,泰丘②。

【注释】

①定丘:丘的东面有水泽的叫定丘。

②泰丘:丘的西面有高地的叫泰丘。

10.18　如亩,亩丘①。如陵,陵丘②。

【注释】

①亩丘:像田垄一样的丘。

②陵丘:大丘、大土山。

10.19　丘上有丘为宛丘①。

【注释】

①宛丘:中央隆起,好像丘上还有一个丘。

10.20　陈有宛丘①,晋有潜丘②,淮南有州黎丘③。

【注释】

①宛丘:古丘名。在今河南淮阳。

②潜丘:古地名。在今山西太原南。

③州黎丘:古丘名。在今安徽寿县西南。

10.21 天下有名丘五^①，其三在河南^②，其二在河北^③。——丘。

【注释】

①天下有名丘五：天下有五座名丘，即黎丘、宛丘、营丘、潜丘、敦丘。

②其三在河南：黎丘、宛丘、营丘在河南。

③其二在河北：潜丘、敦丘在河北。

10.22 望厓^①洒^②而高，岸^③。

【注释】

①厓：水边。

②洒（xiǎn）：深峻。

③岸：其下水深、水边高峻之地。

10.23 夷^①上洒下，不漘^②。

【注释】

①夷：平。

②不漘（chún）：上面平坦下面陡峭的岸边。不，语助词。

10.24 隩^①，隈^②。厓内为隩，外为隈。

【注释】

①隩（yù）：指水边深曲的地方，水岸向内弯曲叫隩。

②隈（wēi）：山水弯曲隐蔽处，水岸向外弯曲叫隈。

10.25 毕^①，堂墙^②。

【注释】

①毕：水边挡水的堤。

②堂墙:堂,通"唐",堤。墙,指堤靠水的一边。

10.26　重厓^①,岸。岸上,浒^②。

【注释】

①重厓:高崖。

②浒:岸边、水边。

10.27　坟^①,大防^②。

【注释】

①坟:堤岸、水边高地。

②大防:大堤。

10.28　涘^①为厓。

【注释】

①涘(sì):水边。

10.29　穷渎^①,氾^②。谷^③者,溦^④。——厓岸。

【注释】

①穷渎:水流不通的涯岸。

②氾(sì):水流不通的涯岸。

③谷:谷前可能掉了"通",指两山有水流通的地方。

④溦(méi):两山间流水的夹道。

释山第十一

11.1 河南华①，河西岳②，河东岱③，河北恒④，江南衡⑤。

【注释】

①华（huà）：华山，又称西岳，在陕西华阴南。

②岳：岳山，又称吴岳，在今陕西。

③岱：岱宗，又称泰山、东岳，在山东泰安市。

④恒：恒山，又称北岳，在今河北曲阳西北。

⑤衡：衡山，又称南岳，在今湖南中部。

11.2 山三袭①，陟②。再成，英③。一成，坯④。

【注释】

①袭：重。

②陟（zhì）：重峦叠嶂的山陵，像三重山积累。

③英：两山相叠嶂。

④坯：通"伾"，重叠的山岭。

11.3 山大而高，崧①。山小而高，岑②。锐而高，峤③。

【注释】

①崧（sōng）：同"嵩"，山大而高。

②岑（cén）：小而高的山。

③峤（jiào）：高耸尖峭的山。

11.4 卑而大，扈[①]。

【注释】

①扈（hù）：不高而广大的山。

11.5 小而众，岿[①]。

【注释】

①岿（kuī）：小山丛聚罗列。

11.6 小山岌大山[①]，峘[②]。

【注释】

①小山岌（jí）大山：小山高于大山。

②峘（huán）：高过大山的小山。

11.7 属者，峄[①]。独者，蜀[②]。

【注释】

①峄（yì）：山相连接。

②蜀：独，单独的山。

11.8 上正，章[①]。宛中[②]，隆。

【注释】

①章：山顶平正。

②宛中：四周高中间低。

11.9 山脊，冈[①]。未及上，翠微[②]。

【注释】

①冈：山脊。

②翠微：指青翠掩映的山腰处。

11.10　山顶，冢①。崒②者，厜厬③。

【注释】

①冢（zhǒng）：山顶。

②崒（zú）：高峻。

③厜（zuī）厬（wēi）：即"崔嵬"，山峰高峻。

11.11　山如堂①者，密②。如防者，盛③。

【注释】

①堂：坛，人工筑成的方形土台。

②密：像土坛那样四方而高的山。

③盛：像堤防似的狭长而平的山。

11.12　峦，山堕①。

【注释】

①堕：山形狭而长。

11.13　重甗①，隒②。

【注释】

①甗（yǎn）：古代一种炊具，用青铜或陶为之，分两层，上可蒸，下可煮，外形上大下小。

②隒（yǎn）：山峰重叠好像重叠的甗。

11.14　左右有岸，厒①。

【注释】

①厒（qiè）：两边有水流而成为岸的山。

11.15　大山宫^①小山，霍^②。小山别^③大山，鲜^④。

【注释】

①宫：围绕。

②霍：小山在中间，大山在外围着小山，这种山形叫霍。

③别：不相连。

④鲜：不与大山相连的小山叫鲜。

11.16　山绝，陉^①。

【注释】

①陉（xíng）：山脉中断的地方。

11.17　多小石，磝^①。多大石，礐^②。

【注释】

①磝（áo）：山上多小石头的样子。

②礐（què）：有许多大石头的山。

11.18　多草木，岵^①。无草木，峐^②。

【注释】

①岵（hù）：多草木的山。

②峐（gāi）：没有草木的山。

11.19　山上有水，埒^①。夏有水，冬无水，㳬^②。

【注释】

①埒（liè）：山顶上有水流的状态。

②㳬（xué）：山上夏季有水而冬季无水的状态。

11.20　山㵎^①无所通，溪。

①𣸭 (dú)：同"渎"，沟渠、沟渎。

11.21 石戴土谓之崔嵬①，土戴石为砠②。

【注释】

①崔嵬：有土的石头山。

②砠 (jū)：有石头的土山。

11.22 山夹水，涧①。陵夹水，澞②。

【注释】

①涧：两山间的水沟。

②澞 (yú)：丘陵间的水沟。

11.23 山有穴为岫①。

【注释】

①岫 (xiù)：有洞穴的山。

11.24 山西曰夕阳①，山东曰朝阳②。

【注释】

①夕阳：山的西面。

②朝阳：山的东面。

11.25 泰山为东岳，华山为西岳，霍山为南岳，恒山为北岳，嵩高为中岳①。

【注释】

①泰山、华山、霍山、恒山、嵩高：五岳。

11.26 梁山^①, 晋望^②也。

【注释】

①梁山: 在今陕西西韩城南。

②晋望: 晋国望祭的山。望, 古代祭祀山川的专名。

释水第十二

12.1　泉一见^①一否为瀽^②。

【注释】

①见（xiàn）：显现、显露。

②瀽（jiān）：泉水时有时无。

12.2　井一有水一无水为灡汋^①。

【注释】

①灡（jì）汋（zhuó）：井水时有时竭。

12.3　滥^①泉，正出。正出，涌出也。沃泉^②，县出。县^③出，下出也。氿泉^④，穴出。穴出，仄出也。

【注释】

①滥（jiàn）泉：涌出的水泉。

②沃泉：由上向下流的泉水。

③县（xuán）：悬。

④氿（guǐ）泉：从侧旁流出的泉水。

12.4　溪辟^①，流川。过辨，回川^②。

【注释】

①溪（guǐ）辟：直通流淌的水流。

②过辨、回川：回旋流淌的水流。

12.5　灉^①，反入。

【注释】

①灉（yōng）：自黄河主道流出又流回主道的水。

12.6　潬^①，沙出。

【注释】

①潬（tān）：水中的沙滩。

12.7　汧^①，出不流。

【注释】

①汧（qiān）：水泉流出而停积为沼泽的地方。

12.8　归异，出同流，肥^①。

【注释】

①肥：归向不同而出自同一源头的水流。

12.9　濆^①，大出尾下。

【注释】

①濆（fèn）：从地下深处喷涌而出的泉水。

12.10　水醮^①曰屚^②。

【注释】

①醮（jiào）：尽、完。

②屚（guǐ）：枯竭。

12.11　水自河出为灉^①，济为濋^②，汶为澜^③，洛为波^④，汉为潜，淮为浒^⑤，江为沱^⑥，过^⑦为洵^⑧，颍为沙^⑨，汝为濆^⑩。

①灉（yōng）：古汴水流经河南商丘虞城一段。

②滁（chǔ）：济水的支流。

③灛（chǎn）：从汶水中流出的支流。

④波：从洛水中流出的支流。

⑤浒：从淮水中流出的支流。

⑥沱：从长江中流出的支流。

⑦涡（guō）：涡水，在今山西太原境内。

⑧洵：从涡水中流出的支流。

⑨沙：从颍水中流出的支流。

⑩渍（rén）：从汝水中流出的支流。

12.12　水决之泽为汧①，决复入为汜②。

【注释】

①汧（qiān）：疏导水道流到河泽的水。

②汜（sì）：由干流分岔流出又流回到干流的水。

12.13　"河水清且澜①漪"，大波为澜，小波为沦②，直波为径③。

【注释】

①澜（lán）：大波浪。

②沦：水中的小波纹。

③径：水中的直波纹。

12.14　江有沱①，河有灉②，汝有渍③。

【注释】

①沱: 长江有支流叫沱。

②灉: 黄河有支流叫灉。

③渍: 汝水有支流叫渍。

12.15　浒①, 水厓。

【注释】

①浒: 水边之地。

12.16　水草交为湄①。

【注释】

①湄 (méi): 水和草相接的地方。

12.17　"济有深涉, 深则厉, 浅则揭①。"揭者, 揭衣也。以衣涉水为厉②。繇膝以下为揭, 繇膝以上为涉③, 繇④带以上为厉。

【注释】

①揭 (qì): 提起衣服从膝盖以下深度的水流中步行渡过叫揭。

②厉: 穿着衣服从腰带以下深度的水流中步行渡过叫厉。

③涉: 从膝盖以上深度的水中渡过称为涉。

④繇 (yóu): 通"由"。

12.18　潜行为泳①。

【注释】

①泳: 潜游在水中。

12.19　"泛泛杨舟,绋①纚维之"。"绋,繂②也。纚③,绥④也。"

【注释】

①绋（fú）：大粗绳索。

②繂（lù）：粗绳索。

③纚（lí）：系舟的缆绳。

④绥（ruí）：缆绳。

12.20　天子造舟①,诸侯维舟②,大夫方舟③,士特舟④,庶人乘泭⑤。

【注释】

①造舟：把船并列铺上木板做桥,即浮桥。

②维舟：古代诸侯所乘之船,四船维连。

③方舟：两船相并。

④特舟：单只船。

⑤乘泭（fú）：竹筏、木筏。

12.21　水注川曰溪①,注溪曰谷②,注谷曰沟,注沟③曰浍④,注浍曰渎⑤。

【注释】

①溪：山间小沟,注入大河中的小支流。

②谷：两山间的流水道,流入小溪中的水。

③沟：水流冲刷的水道,流入谷中的水。

④浍（kuài）：田间排水的道,流入沟中的水。

⑤渎：水渠、沟渠,流入浍中的水。

12.22　逆流而上曰溯洄^①，顺流而下曰溯游^②。

【注释】

①溯（sù）洄：逆流而上、逆流之水。

②溯游：顺流而下。

12.23　正^①绝流曰乱^②。

【注释】

①正：直。

②乱：横渡。

12.24　江^①、河^②、淮^③、济^④为四渎^⑤。四渎者，发源注海者也。——水泉。

【注释】

①江：长江。

②河：黄河。

③淮：淮河。

④济：济河。

⑤四渎：以上四条河的并称，这四条河从发源地一直流入大海。

12.25　水中可居者曰洲^①，小洲曰陼^②，小陼曰沚^③，小沚曰坻^④。人所为为潏^⑤。——水中。

【注释】

①洲：水中可以居留的陆地。

②陼（zhǔ）：水中小块的比洲还小的陆地。

③沚（zhǐ）：水中小块的比陼还小的陆地。

④坻（chí）：水中小块的比沚还小的陆地。

⑤潏（shù）：指堤堰、鱼梁等人工建造的水中土石工程。

12.26　河出昆仑虚①，色白。所渠并千七百②，一川色黄③。百里一小曲④，千里一曲一直⑤。——河曲。

【注释】

　①河出昆仑虚：黄河从昆仑山基流下。虚，"墟"，山基。

　②所渠并千七百：容纳支流一千七百条。

　③一川色黄：整条河都变成黄色了。

　④百里一小曲：黄河水道百里有一个小弯。

　⑤千里一曲一直：黄河千里有一个大曲折，然后改道直流。

12.27　徒骇①，太史②，马颊③，覆鬴④，胡苏⑤，简⑥，絜⑦，钩盘⑧，鬲津⑨。——九河。从《释地》已下至九河皆禹所名也。

【注释】

　①徒骇：古代黄河支流之一，流经今河北省泊头境。

　②太史：古代黄河支流之一，今所在不详。

　③马颊：古代黄河支流之一，今所在不详。

　④覆鬴（fǔ）：古代黄河支流之一，今所在不详。

　⑤胡苏：古代黄河支流之一，《汉书·地理志》卷二十八说在渤海郡东光有胡苏亭。

　⑥简：古代黄河支流之一，今所在不详。

　⑦絜：古代黄河支流之一，今所在不详。

　⑧钩盘：古代黄河支流之一，已经被填埋了，故道在今河北东光之南，山东德州之北。

　⑨鬲津：古代黄河支流之一，故道在今山东省平原县西北，东流入海。

释草第十三

13.1　藋[1]，山韭。

【注释】

①藋(yù)：长在山中的野韭菜。

13.2　茖[1]，山葱。

【注释】

①茖(gé)：长在山中的野葱。

13.3　荪[1]，山䪥[2]。

【注释】

①荪(qíng)：长在山中的野薤。

②䪥(xiè)：同"薤"，又称藠(jiào)头，叶丛生，细长中空，可做蔬菜。

13.4　蒿[1]，山蒜。

【注释】

①蒿(lì)：长在山中的野蒜。

13.5　薜，山蕲[1]。

【注释】

①薜(bò)、山蕲(qín)：药草，当归的别名。

13.6　椴，木槿。榇①，木槿。

【注释】

①椴（duàn）、木槿（jǐn）、榇（qìn）：木槿的异名。

13.7　术①，山蓟。杨②，枹蓟。

【注释】

①术（zhú）：草名，又名山蓟，多年生草本植物，有白术、赤术等。

②杨：又名枹蓟，生长在平地，像山蓟那样肥大，就是今天的苍术。

13.8　葥，王蔧①。

【注释】

①葥（jiàn）、王蔧（huì）：藜科，一年生高大草本植物，果实称为地肤子，可入中药。

13.9　菉，王刍①。

【注释】

①菉（lù）、王刍（chú）：一年生草本植物，高一二尺，叶子呈卵状披针形，生长在草坡或阴湿之地。

13.10　拜，蔏藋①。

【注释】

①拜、蔏（shāng）藋（diào）：植物名，又名灰菜。

13.11　蘩，皤蒿①。蒿，菣②。蔚，牡菣③。

【注释】

①蘩 (fán)、皤 (pó) 蒿：白蒿，多年生草本植物。

②蒿、菣 (qìn)：青蒿。

③蔚、牡菣：杜蒿。

13.12　啮，雕蓬①。荐，黍蓬②。

【注释】

①啮 (niè)、雕蓬：蓬草的一种，又称茭白，子实叫雕蓬，可食。

②荐、黍蓬：草名，一种可供编席的野草，又称野茭白，不能结果实，只能用来编席。

13.13　蓖，鼠莞①。

【注释】

①蓖 (bǐ)、鼠莞 (guān)：龙须草类，又名水葱，龙须草，可以编席子。

13.14　茢①，鼠尾。

【注释】

①茢 (qíng)：鼠尾草，一年生草本植物，初秋开淡紫色的花，花和茎叶可以染皂，还可入药。

13.15　薪蓂①，大荠。

【注释】

①薪 (xī) 蓂 (mì)：一种大荠菜，茎梗上有毛，种子或全草都可以入药，嫩苗可作为野菜。

13.16　蒤①，虎杖。

【注释】

①蒤(tú)：又称虎杖、花斑竹根，多年生草本植物。

13.17　孟①，狼尾。

【注释】

①孟：狼尾草，茎和叶可作为造纸原料，还可用来织袋子，编草鞋。

13.18　瓠栖①，瓣。

【注释】

①瓠(hù)栖(qī)：瓠瓜的子。瓠，即葫芦。

13.19　茹藘，茅蒐①。

【注释】

①茹藘(lú)、茅蒐(sōu)：即茜草，其根可作为绛红色的染料。

13.20　果蠃①之实，栝楼。

【注释】

①果蠃(luǒ)：多年生草本植物，茎上有卷须，以攀援他物，果实卵圆形，橙黄色。

13.21　荼①，苦菜。

【注释】

①荼(tú)：苦菜，菊科植物，茎空，有白汁，茎叶嫩时均可食用，略带苦味。

13.22　萑，蓷①。

【注释】

①萑 (zhuī)、蓷 (tuī)：即益母草，一年或二年生草本植物，全草或子可以入药。

13.23　蘱，綏①。

【注释】

①蘱 (yì)、綏：草名，古称綏草。

13.24　粢，稷①。众，秫。

【注释】

①粢 (zī)、稷 (jì)：即粟，又称谷子，子实去壳称为小米。

13.25　戎叔谓之荏菽①。

【注释】

①戎叔、荏 (rěn) 菽：大豆。

13.26　卉①，草。

【注释】

①卉：草的总称。

13.27　菤，雀弁①。

【注释】

①菤 (yǎn)、雀弁：草名，因其花色赤而微黑，似雀头，所以叫雀弁。

13.28　蘥，雀麦①。

【注释】

①蘥（yuè）、雀麦：形似燕麦，叶稍长，可做牧草，谷粒可做饲料。

13.29　莍，鸟蒜①。

【注释】

①莍（huài）、鸟蒜（sūn）：草名，茎歧出，花生叶间，生长在水石旁边。

13.30　蔪，菟荄①。

【注释】

①蔪（liàn）、菟（tù）荄（gāi）：藤本植物，根呈卵形块状，数个相聚，可入药。

13.31　蘩，菟奚①。

【注释】

①蘩、菟奚（xí）：即款冬，多年生草本植物，严冬开花，叶似葵而大，花黄色，花蕾和叶可入药。

13.32　黄，菟瓜①。

【注释】

①黄（yín）、菟瓜：一种像土瓜的植物。

13.33　茢甄①，豕首。

【注释】

①茢（liè）甄（zhēn）：即天名精，多年生草本植物，根、叶、果实均可入药。

13.34　荓^①，马帚。

【注释】

①荓 (píng)：俗名铁扫帚，多年生草本植物，根可制作扫帚。

13.35　薡^①，怀羊。

【注释】

①薡 (huì)：怀羊草，一种香草。

13.36　荍，牛蕲^①。

【注释】

①荍 (jiāo)、牛蕲 (qí)：野菜名，与芹菜相似，嫩的时候可以食，也叫野茴香。

13.37　葖，芦菔^①。

【注释】

①葖 (tū)、芦菔 (fú)：萝卜。

13.38　渽，灌。茵，芝^①。

【注释】

①渽 (zhí) 灌，茵 (xiù) 芝：即木灵芝。

13.39　笋^①，竹萌。箈^②，竹。

【注释】

①笋 (sǔn)：竹子的嫩芽。

②箈 (dàng)：大竹。

13.40　莪^①，萝。

【注释】

①莪 (é)：莪蒿，也叫萝、萝蒿，俗称抱娘蒿，多年生草本植物，嫩的茎叶可作蔬菜。

13.41　苨，蒇苨①。

【注释】

①苨 (nǐ)、蒇 (dǐ) 苨：药草名，多年生草本植物，根可入药，即甜桔梗。

13.42　绖①，履。

【注释】

①绖 (dié)：意义不详。

13.43　荇①，接余，其叶苻②。

【注释】

①荇 (xìng)：荇菜，又叫接余，多年生草本植物，嫩叶可食。

②苻 (fú)：荇菜的叶子。

13.44　白华，野菅①。

【注释】

①白华、野菅 (jiān)：一种似茅的草本植物，开白色的花，故称白华。

13.45　薜①，白蕲。

【注释】

①薜 (bò)：当归的别名。

13.46　菲，芴①。

【注释】

①菲 (fěi)、芴 (wù)：土瓜，一年生草本植物，可做蔬菜。

13.47　蒚，蕧①。

【注释】

①蒚 (fú)、蕧 (fù)：多年生蔓草，可蒸着吃。

13.48　荧①，委萎。

【注释】

①荧 (jiǒng)：即萎蕤，药草名，叶子狭长，表面白色，里面青色，根可以吃。

13.49　蒟，芉荧①。

【注释】

①蒟 (qú)、芉 (tīng) 荧：草名，一种似苏，可以用来毒鱼的草。

13.50　竹，萹蓄①。

【注释】

①萹 (biān) 蓄：草名，又名萹竹，一年生草本植物，多生长在道旁，叶狭长像竹。

13.51　葴，寒浆①。

【注释】

①葴 (zhēn)、寒浆：即酸浆草，多年生草本植物，根茎花实都可入药。

13.52 薢茩,芙芜①。

【注释】

①薢(xiè)茩(gòu)、芙(jué)芜(guāng):草英明,一年生草本植物,豆科。

13.53 莁荑,荼蔷①。

【注释】

①莁(wú)荑(yí)、荼(shā)蔷(qiáng):落叶小乔木或灌木状,即无姑。

13.54 瓞,瓟①。其绍②瓞。

【注释】

①瓞(dié)、瓟(bó):小瓜。

②绍:继。

13.55 芍,凫茈①。

【注释】

①芍(xiào)、凫茈(cí):即荸荠,俗称马蹄。

13.56 蔂,萌葽①。

【注释】

①蔂(lèi)、萌(dǐng)葽(dǒng):蒲草的一种,即长苞香蒲,多年生草本植物,生长在水边或池沼,可编鞋、制索。

13.57 蕛,芺①。

【注释】

①蕛(tí)、芺(diē):一种形似稗的杂草,实如小米。

13.58　钩，芺^①。

【注释】

①芺（ǎo）：蓟草类，又名苦芺，嫩的时候可以吃。

13.59　虀^①，鸿荟。

【注释】

①虀（xiè）：即藠头，又名鸿荟，山薤，叶子似韭菜。

13.60　苏，桂荏^①。

【注释】

①桂荏（rěn）：即紫苏，一年生草本植物，茎方形，花淡紫色，种子可榨油，嫩叶可以吃。

13.61　蔷^①，虞蓼。

【注释】

①蔷（sè）：蓼科植物的一种，生长在水泽之中。

13.62　葆，蓨^①。

【注释】

①葆（tiáo）、蓨（tiáo）：即羊蹄草，多年生草本植物，根可入药。

13.63　虋^①，赤苗。芑^②，白苗。秬^③，黑黍。秠^④，一稃^⑤二米。

【注释】

①虋（mén）：赤粱粟，谷的良种。

②芑（qǐ）：白粱粟，茎白色。

③秬（jù）：黑黍，良谷。

④秠（pī）：黑黍的一种，每个壳中有两颗米。

⑤稃（fū）：谷壳。

13.64 稌①，稻。

【注释】

①稌（tú）：稻。

13.65 荼，蘮茅①。

【注释】

①蘮（qióng）茅：多年生蔓草，可蒸食，因对农作物有害，又称恶菜。

13.66 台①，夫须。

【注释】

①台：莎草，可制蓑笠。

13.67 搴，荼①。

【注释】

①搴（jiǎn）、荼（tá）：意义不详。

13.68 莔①，贝母。

【注释】

①莔（méng）：贝母，多年生草本植物，叶长似韭，可入药。

13.69 荍，蚍衃①。

【注释】

①荍（qiáo）、蚍（pí）衃（fú）：锦葵。

13.70　艾[①]，冰台。

【注释】

①艾：艾蒿，多年生草本植物，茎叶可入药。

13.71　葶[①]，亭历。

【注释】

①葶(diǎn)：俗称麦里蒿，一年或二年生草本植物，种子可入药。

13.72　苻[①]，鬼目。

【注释】

①苻(fú)：鬼目草，一种茎似葛的蔓草。

13.73　薜[①]，庾草。

【注释】

①薜(bì)：一种藤蔓植物，蔓延在墙树之间。

13.74　莪，薂蒌[①]。

【注释】

①莪(áo)、薂(sǎo)蒌(lǔ)：即鸡肠草，一种野菜，可做蔬菜。

13.75　离南，活莌[①]。

【注释】

①活莌(tuō)：又称通脱木，常绿灌木或小乔木，茎髓大，白色，纸质。

13.76　茏，天蓄[①]。

①茏（lóng）、天蕎（yuè）：草名，一种高大的草。

13.77　须，蒫苁^①。

①蒫（fēng）苁（zǒng）：即芜菁，块根肥大，可做蔬菜。

13.78　荓，隐荵^①。

①荓（páng）、隐荵（rěn）：即甜桔梗的叶，可以食用。

13.79　茜^①，蔓于。

①茜（yóu）：水草名，又称蔓子，形似细芦，茎有恶臭，可以喂马。

13.80　蔺，蓾^①。

①蔺（lǚ）、蓾（cuó）：草名，可以编草鞋或垫在鞋中。

13.81　柱夫^①，摇车。

①柱（zhǔ）夫：草名，俗称野蚕豆、翘翘花，细叶，紫花，可食。

13.82　出隧，蘧蔬^①。

①蘧（qú）蔬：一种菌类植物。

13.83　蘄茞，麋芜①。

【注释】

①蘄（qín）茞（zhǐ）、麋（mí）芜：香草名，多年生草本植物，根可入药。

13.84　茨，蒺藜①。

【注释】

①茨（cí）：蒺（jí）藜（lí），一年生草本植物，果皮有尖刺，可入药。

13.85　蕲葇①，窃衣。

【注释】

①蕲（jì）葇（rú）：草名，即鬼麦，似芹，花下有芒刺，粘附人衣。

13.86　髦，颠蕀①。

【注释】

①颠蕀（jí）：药草名，即天门冬，多年生攀援草本植物，块根纺锤形，肉质，可入药。

13.87　蓷，芄兰①。

【注释】

①蓷（guàn）、芄（wán）兰：多年生草本植物，断之有白汁，可食。

13.88　荨，茪藩①。

【注释】

①荨（tán）、茪（chén）藩：荨同"薚"，即药草知母。

13.89　藚，蕮①。

【注释】

①藚（yú）、蕮（xì）：即药草泽泻，多年生草本植物，叶狭长，块茎可入药。

13.90　蔨①，鹿藿。其实莥②。

【注释】

①蔨（juàn）：即鹿豆。

②莥（niǔ）：鹿豆的果实。

13.91　薃侯①，莎。其实媞②。

【注释】

①薃（hào）侯：即香附子，莎草科莎草属的莎草。多年生草本植物，地下纺锤形的块茎可入药。

②媞（tí）：莎草籽。

13.92　莞，苻蓠①。其上蒚②。

【注释】

①莞（guān）、苻（pú）蓠：即蒲草。

②蒚（lì）：蒲草的中茎。

13.93　荷，芙渠。其茎茄，其叶蕸①，其本蔤②，其华菡萏③，其实莲，其根藕，其中的④，的中薏⑤。

【注释】

①蕸（xiá）：荷的叶子。

②蔤（mì）：荷的地下茎。

③菡萏：荷花。

④的（dì）：莲子。

⑤薏（yì）：莲子心。

13.94　红，茏古①。其大者苬②。

【注释】

①茏（lóng）古：即荭草，一年生草本植物，生水泽中，高丈余，全珠有毛，果实可入药。

②苬（kuí）：大的荭草。

13.95　蓤①，荠实。

【注释】

①蓤（cuó）：荠菜籽。

13.96　䕕①，枲实。枲②，麻。

【注释】

①䕕（fén）：大麻的籽。

②枲（xǐ）：大麻。

13.97　须，薞芜①。

【注释】

①薞（sūn）芜：即酸模，草名，嫩茎叶有酸味，可食，全草入药。

13.98　菲，蒠菜①。

【注释】

①菲（fěi）、蒠（xī）菜：古代指萝卜一类的菜，一年生草本植物，开紫花，嫩叶也做蔬菜，种子榨油，供食用。

13.99 蒉①，赤苋。

【注释】

①蒉（kuài）：即红茎苋菜。

13.100 蔷蘪，蘪冬①。

【注释】

①蔷（qiáng）蘪、蘪（mén）冬：即蔷薇。

13.101 萹苻①、止。泺，贯众。

【注释】

①萹（biān）苻（fú）：即贯众，多年生草本植物，以根状茎及叶柄残基部入药。

13.102 菩①，牛藻。

【注释】

①菩（jūn）：大叶水藻，可食。

13.103 蓫荡①，马尾。

【注释】

①蓫（zhú）荡（tāng）：即商陆，多年生粗壮草本植物，根可入药。

13.104 萍①，蓱。其大者蘋。

【注释】

①蓱（píng）：浮萍，多年生草木植物，生浅水中，叶有长柄，柄端四片小叶成田字形，全草可入药。

13.105 菤，菟葵①。

【注释】

①菥（xī）、蓂（tù）葵：草名，也称四叶菜，多年生草本植物，生长在浅水中，夏天开小白花，可食，茎叶可入药。

13.106　芹①，楚葵。

【注释】

①芹：蔬菜名，即水芹，生长在水边，因古代楚国出产所以叫楚葵。

13.107　藬，牛蘈①。

【注释】

①藬（tuī）、牛蘈（tuí）：草名，叶子长而锐，穗间有花。

13.108　蕍，牛唇①。

【注释】

①蕍（xù）、牛唇：泽泻，多年生草本植物，生浅水中，可食，也可入药。

13.109　苹，藾萧①。

【注释】

①藾（lài）萧：即藾蒿，白蒿类植物，可以食用。

13.110　连①，异翘。

【注释】

①连：即连翘，落叶灌木，叶子对生，卵形或长椭圆形，开黄花，果实可入药。

13.111　泽，乌蕵①。

【注释】

①乌蕵(sūn)：草名，花生叶间，生长在水石旁边。

13.112　傅，横目①。

【注释】

①傅、横目：草名，贴地蔓生，根如线相结，又称鼓筝草。

13.113　釐①，蔓华。

【注释】

①釐(lái)：通"莱"，草名，茎叶像王刍，初生时可食。

13.114　薐，蕨攗①。

【注释】

①薐(líng)、蕨(jué)攗(méi)：即菱角，一年生水生草本植物，叶柄上有浮囊，花白色，果实有硬壳，俗称菱角。

13.115　大菊，蘧麦①。

【注释】

①蘧(qú)麦：即瞿麦，多年生草本植物，叶对生，可入药。

13.116　薜，牡赞①。

【注释】

①薜(bì)、牡赞(zàn)：草名，即薜荔，常绿藤木，蔓生，叶椭圆形，花极小，隐于花托内，果实富胶汁，可制凉粉。

13.117　葥①，山莓。

①菺(jiàn)：即悬钩子，灌木，果实可食。

13.118　啮，苦堇①。

【注释】

①啮(niè)、苦堇(jǐn)：即堇葵，可食用的一种野菜。

13.119　薸①，石衣。

【注释】

①薸(tán)：即水苔，苔藻类植物。

13.120　蘜，治蘠①。

【注释】

①蘜(jú)、治蘠(qiáng)：即菊花。

13.121　唐、蒙，女萝①。女萝，菟丝。

【注释】

①女萝：即菟丝子，多附在松柏或其他植物上，成丝状下垂。

13.122　苗①，蓨。

【注释】

①苗(dí)：即羊蹄草，多年生草本植物。

13.123　茥，蕵葐①。

【注释】

①茥(guī)、蕵(quē)葐(pén)：即覆盆子，落叶灌木，茎有钩状刺，果实可食用，可入药。

13.124 茇,蓳草^①。

【注释】

①茇（jī）、蓳（jǐn）草：即陆英，灌木状草本植物，野生，全草治疗跌打损伤，又称接骨草。

13.125 藏^①,百足。

【注释】

①藏（jiān）：即地蜈蚣草。

13.126 菺^①,戎葵。

【注释】

①菺（jiān）：即蜀葵，两年生草本植物，花瓣五枚，有红、黄、白等色，可供观赏。

13.127 繋^①,狗毒。

【注释】

①繋（jì）：即狗毒草。

13.128 垂^①,比叶。

【注释】

①垂：比叶草。

13.129 覆^①,盗庚。

【注释】

①覆（fù）：即旋覆花，多年生草本植物，叶针形或长椭圆形，花黄色，圆而覆下。

13.130　蓖^①，麻母。

【注释】

①蓖 (zǐ)：即大麻的雌株。

13.131　颵^①，九叶。

【注释】

①颵 (bó)：即九叶草。

13.132　藐，茈草^①。

【注释】

①藐 (mò)、茈 (zǐ) 草：即紫草，多年生草本植物，暗紫色，含紫草素，可做染料。

13.133　倚商，活脱^①。

【注释】

①活脱：又称通脱木，通草。

13.134　蕺，黄蒢^①。

【注释】

①蕺 (zhí)、黄蒢 (chú)：草名，即龙葵。

13.135　蕨车，艺舆^①。

【注释】

①蕨 (qiè) 车、艺 (qì) 舆：香草名，古代用来除去臭味及虫蛀。

13.136　权^①，黄华。

【注释】

①权：草名，即野决明子。

13.137　蔧①，春草。

【注释】

①蔧（mǐ）：即芒草、莽草、春草，可用来毒鱼。

13.138　蔠葵①，繁露。

【注释】

①蔠（zhōng）葵：即承露，一年生缠绕草本植物，可做蔬菜，亦可入药。

13.139　菋，荎藸①。

【注释】

①菋（wèi）、荎（chí）藸（chú）：草名，即五味子。

13.140　蒤①，委叶。

【注释】

①蒤（tú）：一种杂草。

13.141　皇①，守田。

【注释】

①皇：一种似燕麦的植物。

13.142　钩，蕿姑①。

【注释】

①蕿（kuí）姑：即王瓜，多年生攀援草本植物，叶互生，近心脏

形,块根、果实可入药。

13.143　望^①,乘车。

【注释】

①望:即芒草,也叫乘车。

13.144　困,菽裤^①。

【注释】

①菽(jié)裤(jiàng):草名,具体不详。

13.145　欔^①,乌阶。

【注释】

①欔(jué):即狼杷草、乌阶。

13.146　杜^①,土卤。

【注释】

①杜:即杜衡,一种香草名,多年生草本植物,高一二尺,味辛香,可入药。

13.147　盱,虺床^①。

【注释】

①盱(xū)、虺(huǐ)床:即蛇床,一年生草本植物,花叶似蘼芜,果实卵圆形,可入药。

13.148　蔒,薂^①。

【注释】

①蔒(mǐ)、薂(áo):即鸡肠草,一种野草。

13.149　赤，枹蓟①。

【注释】

①枹（bāo）蓟（jì）：红色的枹蓟，苍术的别名。

13.150　菟奚①，颗冻。

【注释】

①菟奚：即款冬，多年生草本植物，严冬开花，叶似葵而大，花黄色，花蕾和叶可以入药。

13.151　中馗①，菌②。小者菌。

【注释】

①中馗（qiú）：菌类，可食用。

②菌：生长在林木中或草地上，种类很多。

13.152　茸①，小叶。

【注释】

①茸（zōu）：小叶麻。

13.153　苕①，陵苕。黄华，蔈②。白华，茇③。

【注释】

①苕（tiáo）：即凌霄花，落叶藤本植物，攀援他物而生，可入药。

②蔈（biāo）：开黄花的苕。

③茇（pèi）：开白花的苕。

13.154　蘪①，从水生。

【注释】

①蘪（méi）：水草的统称。

13.155　薇^①，垂水。

【注释】

①薇（wēi）：即野豌豆，一年或二年生草本植物，嫩茎和叶可食。

13.156　薜^①，山麻。

【注释】

①薜（bì）：山中野生的麻。

13.157　莽，数节^①。桃枝，四寸有节。粼^②，坚中。筤，箖中^③。仲，无笐^④。簜^⑤，箭萌。篠^⑥，箭。

【注释】

①数（cù）节：莽，竹子的一种。

②粼（lín）：竹子的一种。

③筤（mǐn）、箖（tú）中：空心的竹子。

④无笐（háng）：中等的竹子。

⑤簜（tái）：即竹笋。

⑥篠（xiǎo）：即箭竹。竹子的一种，细小而劲实，可作箭杆。

13.158　枹^①，霍首。

【注释】

①枹（bāo）：众豆之首，即大豆。

13.159　素华，轨鬷^①。

【注释】

①轨鬷（zěng）：意义不详。

13.160　芏^①，夫王。

①芏(dù)：即茳芏，多年生草本植物，茎三棱形，高四五尺，叶片细长，花绿褐色。

13.161　綦①，月尔。

【注释】

①綦(qí)：即紫蕨，蕨类植物，嫩叶可食，根茎可以入药。

13.162　葴①，马蓝。

【注释】

①葴(zhēn)：即大叶冬蓝，常绿草本植物，呈灌木状，叶对生，花紫色，根叶可入药。

13.163　姚茎①，涂荠。

【注释】

①姚茎：又称涂荠，一种茎高的荠菜。

13.164　芐①，地黄。

【注释】

①芐(hù)：又称地黄，多年生草本植物，根状茎可入药。

13.165　蒙①，王女。

【注释】

①蒙：即菟丝。

13.166　拔①，茏葛。

【注释】

①拔(fá)：即龙尾草。

13.167　蔌^①，牡茅。

【注释】

①蔌（sù）：不结子实的白茅类植物。

13.168　菤耳^①，苓耳。

【注释】

①菤（juǎn）耳：即"卷耳"，菊科植物，又称苍耳、苓耳。

13.169　蕨，蟞^①。

【注释】

①蟞（biē）：即蕨菜，生于山野间，嫩叶可食。

13.170　荞^①，邛巨。

【注释】

①荞（jiāo）：即大戟，药草名。

13.171　繁^①，由胡。

【注释】

①繁：即白蒿。

13.172　莣^①，杜荣。

【注释】

①莣（wáng）：即芒草，秆皮可用来制绳索，编鞋。

13.173　稂^①，童粱。

【注释】

①稂（láng）：又叫童粱，长出禾穗但壳内无米的禾谷。

13.174　藨，麃①。

【注释】

①藨（pāo）、麃（biāo）：莓的一种，味甜可吃。

13.175　的，薂①。

【注释】

①薂（xí）：即莲子。

13.176　购，蔏蒌①。

【注释】

①蔏（shāng）蒌（lóu）：即水生白蒿。

13.177　苈①，勃苈。

【注释】

①苈（liè）：即石芸，药草名。

13.178　葽绕，蕀菟①。

【注释】

①葽（yǎo）绕、蕀（jí）菟（yuān）：即远志，药草名。

13.179　萊①，刺。

【注释】

①萊（cì）：草的芒刺。

13.180　萧，萩①。

【注释】

①萩（qiū）：蒿类植物的一种。

13.181　薚[1]，海藻。

【注释】

①薚(xún)：海藻的一种。

13.182　长楚，铫芅[1]。

【注释】

①铫(yáo)芅(yì)：即羊桃。

13.183　蘦[1]，大苦。

【注释】

①蘦(líng)：药草名，似地黄，又称大苦。

13.184　荞苢[1]，马舄[2]。马舄，车前。

【注释】

①荞(fú)苢(yǐ)：草名，即车前草。

②马舄(xì)：草名，即车前草。

13.185　纶似纶[1]，组似组[2]，东海有之。帛似帛[3]，布似布[4]，华山有之。

【注释】

①纶(guān)似纶：称为纶的海草形状像青丝做带的头巾一样。

②组似组：称为组的海草形状像宽而薄的丝带。

③帛似帛：称为帛的山草形状像帛。

④布似布：称为布的山草形状像布。

13.186　芫，东蠡[1]。

①芫 (háng)、东蠡 (lǐ)：意义不详。

13.187　绵马①，羊齿。

①绵马：又名羊齿，草名，叶子很小，似羊齿。

13.188　萿①，麋舌。

①萿 (kuò)：又名麋舌草，生于水中，叶子像舌头。

13.189　搴，柜朐①。

①搴 (jiǎn)、柜 (jù) 朐 (qú)：草名，意义不详。

13.190　蘩之丑①，秋为蒿②。

①蘩之丑：丑，属类，这里说蘩之类的草，春天开始生长，气味不同，名字不同。

②秋为蒿：到秋天，蘩之类的草长老之后，都叫做蒿。

13.191　芺①、蓟，其实荂②。

①芺 (ǎo)：蓟类草，又称苦芺。

②荂 (fū)：芺的果实。

13.192　藬、荂，荼①。

【注释】

①莦（biāo）、荂（fū）、荼：茅菅、芦苇之类的花穗。

13.193　猋、薍，芀①。苇丑，芀。

【注释】

①猋（biāo）、薍（biāo）、芀（tiáo）：芦苇的花穗。

13.194　葭①，华。蒹，薕②。葭，芦。葭，乱③。其萌虇④。

【注释】

①葭（jiā）：初生的芦苇。

②蒹（jiān）、薕（lián）：没有长穗的芦苇。

③葭（tǎn）、乱（wàn）：初生的芦苇。

④其萌虇（quǎn）：芦苇的嫩芽。

13.195　蕍、荂、蕇、华，荣①。

【注释】

①蕍、蕇、华、荣：草木的花。荂：初生的草木花。

13.196　卷施草①，拔心不死。

【注释】

①卷施草：一种草，又称宿莽，把它的草心拔掉不会死，经过严冬也不会死。

13.197　芶、荺、荄①，根。

【注释】

①芶（yǔn）、荺（xiào）、荄（gāi）：草根。

13.198　櫬，檴含①。

【注释】

①櫬（jué）、檴（tuó）含：意义不详。

13.199　华，荂①也。华、荂，荣也。

【注释】

①荂（fū）：草木的花。

13.200　木谓之华①，草谓之荣②。不③荣而实者谓之秀④，荣而不实者谓之英⑤。

【注释】

①木谓之华：树木的花称为华。

②草谓之荣：草本植物的花称为荣。

③不：衍文。

④秀：禾类植物的抽穗、结果或草类植物结实叫秀。

⑤英：开花但不结果叫英。

释木第十四

14.1　梄,山榎[①]。

【注释】

①梄(tāo)、山榎(jiǎ):即山楸,落叶乔木。

14.2　栲,山樗[①]。

【注释】

①栲(kǎo)、山樗(chū):即野鸦椿,落叶灌木或小乔木,初夏开黄白色小花,种子蓝红色,木材可制器具,根、果、花可入药。

14.3　柏,椈[①]。

【注释】

①椈(jú):即柏树,常绿乔木或灌木,叶小,性耐寒,经冬不凋谢,木质坚硬,纹理致密,可供建筑和制作器具之用。

14.4　髡,栶[①]。

【注释】

①髡(kūn)、栶(kùn):整枝剪去树枝。

14.5　椴,柂[①]。

【注释】

①椴(duàn)、柂(yí):落叶乔木,似白杨,木材纹理细致,材质优良,用途很广,花黄色或白色。

14.6　梅,柟^①。

【注释】

①柟(nán):即楠木,常绿大乔木,木材坚密芳香,为贵重的建筑材料。

14.7　柀,黏^①。

【注释】

①柀(bǐ)、黏(shān):即杉树,常绿乔木,树干高直,叶线状披针形,木材质轻耐朽,供建筑和制造器具之用。

14.8　被,椵^①。

【注释】

①被(fèi)、椵(jiǎ):柚类果木。

14.9　杻,檍^①。

【注释】

①杻(niǔ)、檍(yì):俗称万年木,木质坚质,可作车、弓材料。

14.10　楙^①,木瓜。

【注释】

①楙(mào):即木瓜,落叶灌木或小乔木,果实酸,有香气,可食,亦可入药。

14.11　椋^①,即来。

【注释】

①椋(liáng):即凉子木、即来,叶似柿,子细圆,生青熟黑。

14.12 㭦，栭①。

【注释】

①㭦（liè）、栭（ér）：即茅栗，子如细栗，可食。

14.13 檴①，落。

【注释】

①檴（huò）：即椰榆，又名柚子树。

14.14 柚，条①。

【注释】

①柚、条：常绿乔木，叶大而阔，花白色，果实大，圆形或扁圆形，皮厚，果味甜酸。

14.15 时，英梅①。

【注释】

①时、英梅：似梅而小的果木名。

14.16 楥，柜柳①。

【注释】

①楥（yuán）、柜（jǔ）柳：即榉柳，落叶乔木。

14.17 栩，杼①。

【注释】

①栩（xǔ）、杼（shù）：木名，落叶乔木，嫩叶可以喂蚕。

14.18 味，荎著①。

【注释】

①荎(chí)著(chú)：即五味木，木本植物。

14.19　蒛，荎①。

【注释】

①蒛(ōu)、荎(chí)：即刺榆，落叶小乔木，小枝有坚硬的枝刺，木质坚硬，可以造农具、车辆等。

14.20　杜①，甘棠。

【注释】

①杜：即杜梨，一种野生梨，落叶乔木，枝有针刺，果实可食。

14.21　狄，臧槔①。

【注释】

①臧槔(gāo)：木名，可能是乌桕树。

14.22　贡，綦①。

【注释】

①綦(qí)：意义未详。

14.23　朹，檕梅①。杻②者聊。

【注释】

①朹(qiú)、檕(jì)梅：即山楂。

②杻(jiǔ)：树木向下弯曲。

14.24　魄，榽橀①。

①楔（xī）楣（xǐ）：即白木。

14.25　梫[1]，木桂。

①梫（qǐn）：即肉桂。

14.26　檀[1]，无疵。

①檀（lún）：即大叶钓樟，落叶灌木，树皮光滑，有黑斑。

14.27　椐，樻[1]。

①椐（jū）、樻（kuì）：即灵寿木。

14.28　柽[1]，河柳。旄[2]，泽柳。杨[3]，蒲柳。

①柽（chēng）：即河柳，落叶小乔木，赤皮，枝细长，多下垂。

②旄（máo）：一种生长于水泽中的柳树。

③杨：即水杨，一种生长于水边的杨树。

14.29　权[1]，黄英。

①权：即黄英，黄华木。

14.30　辅，小木[1]。

【注释】

①辅、小木：意义未详。

14.31　杜①，赤棠。白者棠②。

【注释】

①杜：木名，即杜梨，也叫棠梨，一种野生梨。

②白者棠：子为红色的称为杜，子为白色为称为棠。

14.32　诸虑，山櫐①。

【注释】

①山櫐（lěi）：即诸虑，一种藤本植物。

14.33　欇①，虎櫐。

【注释】

①欇（shè）：即紫藤，也叫虎櫐，一种高大木质的藤本植物。

14.34　杞，枸檵①。

【注释】

①枸檵（jì）：即枸杞，落叶小灌木，果实卵圆形，红色。

14.35　杬①，鱼毒。

【注释】

①杬（yuán）：同"芫"，即芫华，落叶灌木，叶小椭圆形，花小色紫，花蕾有毒，可供药用。

14.36　檓①，大椒。

【注释】

①樻 (huǐ)：即花椒，也叫大椒，种子黑色，可以做调味的香料，也供药用。

14.37　楰①，鼠梓。

【注释】

①楰 (yú)：即苦楸，楸的一种。

14.38　枫，欇欇①。

【注释】

①欇欇 (shè)：木名，即枫香树，因其叶子经霜变红，有红枫、丹枫之称。

14.39　寓木①，宛童。

【注释】

①寓木：寄生在大树上的一种小灌木，又名宛童，常寄生于桑树上等。

14.40　无姑①，其实夷。

【注释】

①无姑：乔木名，榆类的一种，又名芜荑，其果实叫夷，其皮可入药。

14.41　栎①，其实梂。

【注释】

①栎 (lì)：麻栎，果实叫梂 (qiú)，落叶乔木，叶长椭圆形，初夏开花，黄褐色，坚果卵圆形，幼叶可以喂蚕。

14.42　檖^①，萝。

【注释】

①檖（suì）：即山梨，一种野生梨。

14.43　楔^①，荆桃。

【注释】

①楔（xiē）：即樱桃，落叶乔木，果实为红色，味甜或带酸。

14.44　旄^①，冬桃。榹^②桃，山桃。

【注释】

①旄（máo）：桃的一种。

②榹（sī）：山桃，一种野生桃。

14.45　休^①，无实李。痤，接虑李^②。驳，赤李^③。

【注释】

①休：一种不结果实的李树。

②痤（cuó）、接（jiē）虑李：即麦李，果实小而肥甜有沟。

③驳、赤李：一种李树，果实赤红有沟。

14.46　枣，壶枣^①。边，要枣^②。栙^③，白枣。樲^④，酸枣。杨彻，齐枣^⑤。遵，羊枣^⑥。洗，大枣。煮，填枣^⑦。蹶泄，苦枣^⑧。皙^⑨，无实枣。还味，稔枣^⑩。

【注释】

①壶枣：枣的一种，果实似瓠。

②边、要枣：枣的一种，果实细腰。

③栙（jǐ）：白枣，枣的一种，果实成熟呈白色。

④樲(èr)：酸枣，枣的一种，果实小而酸。

⑤杨彻、齐枣：枣的一种，产于齐地。

⑥遵、羊枣：枣的一种，果实小而圆，紫黑色。

⑦煮、填枣：枣的一种，果实可供榨油。

⑧蹶(jué)泄、苦枣：枣的一种，果实味苦。

⑨晳(xī)：枣的一种，不结果实。

⑩还味、棯(rěn)枣：枣的一种，果实味道不好。

14.47　榇①，梧。

【注释】

①榇(chèn)：即梧桐，落叶乔木，种子可食，也可用来榨油。

14.48　朴，枹者①。

【注释】

①朴、枹(bāo)者：丛生的树木。

14.49　谓榇①，采薪。采薪，即薪。

【注释】

①谓榇(chèn)：即柞树。

14.50　楼，樕其①。

【注释】

①楼(yǎn)、樕(sù)其：一种果实似柰的果木。

14.51　刘，刘杙①。

【注释】

①刘杙(yì)：一种果实如梨的果木。

14.52　櫰①，槐大叶而黑。守宫槐②，叶昼聂③宵炕④。

【注释】

①櫰（huái）：一种叶大而黑的槐树。

②守宫槐：一种树叶昼合夜开的槐树。

③聂（zhé）：合。

④炕（hāng）：张、开。

14.53　槐①小叶曰榎②。大而皵，楸。小而皵③，榎。

【注释】

①槐：楸树的一种，落叶乔木。

②榎（jiǎ）：楸树的一种，落叶乔木。

③皵（què）：树皮粗糙皲裂。

14.54　椅，梓①。

【注释】

①椅（yī）、梓（zǐ）：楸类树木。

14.55　楰①，赤楝，白者楰。

【注释】

①楰（yī）：木名，树皮红色的叫赤楝（sù），树皮白色的叫楰。

14.56　终，牛棘①。

【注释】

①终、牛棘：一种针刺粗长的大灌木。

14.57　灌木，丛木①。

①灌木、丛木：丛生的木本植物。

14.58　瘣木，苻娄①。

【注释】

①瘣 (huì) 木、苻娄：有病、枝叶弯曲的树木。

14.59　蕡①，蔼。

【注释】

①蕡 (fén)：草木果实繁盛硕大的样子。

14.60　枹①，遒木②，魁瘣③。

【注释】

①枹 (bāo)：丛生的树木。

②遒 (qiú) 木：丛生的树木。

③魁瘣 (lěi)：树木根节或枝叶盘结的样子。

14.61　棫，白桵①。

【注释】

①棫 (yù)、白桵 (ruí)：一种丛生的小树。

14.62　梨，山檑①。

【注释】

①山檑 (lí)：山梨，落叶乔木，叶子卵形，花多为白色，果实多汁，可食。

14.63　桑辨有葚①，栀。女桑，桋桑②。

①桑辨（piàn）有葚：一般结桑葚的桑树叫栀。

②梗（tí）桑：一种树小而枝长的桑树。

14.64　榆，白粉①。

【注释】

①榆、白粉（fěn）：一种白色树皮的榆树。

14.65　唐棣，栘①。常棣②，棣。

【注释】

①唐棣（dì）、栘（yí）：一种似白杨的棣树。

②常棣：一种似李的棣树。

14.66　檟，苦荼①。

【注释】

①檟（jiǎ）、苦荼（tú）：即茶树。

14.67　楸朴①，心。

【注释】

①楸（sù）朴：一种小树。

14.68　荣①，桐木。

【注释】

①荣：即梧桐。

14.69　栈木①，干木。

【注释】

①栈木：即僵木。

14.70　檿桑①，山桑。

【注释】

①檿(yǎn)桑：落叶乔木，叶子可以喂蚕，木质坚劲，古代多用来制弓和车辕。

14.71　木自獘①，柛②。立死，椔③。蔽者，翳④。

【注释】

①獘(bì)：倒下而死。

②柛(shēn)：树木自己倒地而死。

③椔(zī)：直立的枯木。

④翳(yì)：扑倒，树木倒地而死。

14.72　木相磨，槸①。樕，㪬②。梢，梢擢③。

【注释】

①槸(yì)：树枝相磨。

②樕(cuò)、㪬(què)：树皮粗糙皲裂。

③梢擢：树高而无旁枝。

14.73　枞①，松叶柏身。桧②，柏叶松身。

【注释】

①枞(cōng)：即冷杉，常绿乔木，干高数丈，可作建筑材料。

②桧(guì)：常绿乔木，干高数丈，木材桃红色，有香味。细致坚实，可做建筑材料和家具等。

14.74　句如羽，乔①。下句曰枓②，上句曰乔。如木楸曰乔③，如竹箭曰苞，如松柏曰茂，如槐曰茂。

【注释】

①句（gōu）如羽，乔：树枝弯曲如同羽毛称为乔。

②下句曰枓（jiū）：树枝向下弯曲为枓。

③如木楸曰乔：像楸木一样的树木叫乔。

14.75　祝，州木①。

【注释】

①祝、州木：即州树。

14.76　髦，柔英①。

【注释】

①髦、柔英：即女木。

14.77　槐棘丑①，乔。桑柳丑，条。椒樧②丑，菉③。桃李丑，核。

【注释】

①槐棘丑：桑柳之类的树木。

②樧（shā）：一种类似茱萸的植物。

③菉（qiú）：果实表皮密生疣状突出物的腺体。

14.78　瓜曰华①之，桃曰胆②之，枣李曰疐③之，楂④梨曰钻之。

【注释】

①华（huā）：从中间剖开。

②胆：擦拭。

③蔕（dì）：蒂，引申为去掉蒂。

④楂（zhā）：山楂。

14.79　小枝上缭为乔^①，无枝为檄^②。木族生为灌^③。

【注释】

①小枝上缭为乔：树木细枝上翘为乔。

②无枝为檄：没有树枝称为檄。

③木族生为灌：丛生的树木称为灌。

释虫第十五

15.1　螜，天蝼①。

【注释】

①螜 (hú)、天蝼：即蝼蛄，生活在泥土中，昼伏夜出，吃农作物。

15.2　蜚，蠦蜰①。

【注释】

①蜚 (fěi)、蠦 (lú) 蜰 (féi)：即臭般虫，一种圆薄能飞的小虫，气味臭恶。

15.3　螾衔①，入耳。

【注释】

①螾 (yǐn) 衔 (yǎn)：即蚰蜒，节足动物，像蜈蚣而略小，体色黄褐，生活在阴湿的地方，捕食小虫，有益农事。

15.4　蜩①，蜋蜩②，螗蜩③。蚻，蜻蜻④。蠽⑤，茅蜩。蝒，马蜩⑥。蜺，寒蜩⑦。蜓蚞，螇螰⑧。

【注释】

①蜩 (tiáo)：蝉，蝉的种类繁多，这里介绍蝉的大小及方言中不同的名称。

②蜋 (láng) 蜩：一种有多种颜色的蝉。

③蟷（táng）蜩：一种体型较小而叫声清亮的蝉。

④蜻（zhá）、蜻蜻（jìng）：一种体型较小而有花纹的蝉。

⑤蠽（jié）、茅蜩：一种体型较小而色青的蝉。

⑥蝒（mián）、马蜩：蝉中体型最大的蝉。

⑦蜺（ní）、寒蜩：一种体型较小而色青赤的蝉。

⑧蜓（tíng）蚞（mù）、螇（xī）螰（lù）：蝉的一种，体短，吻长，黄绿色，翅膀有黑斑。

15.5　蛣蜣，蜣蜋①。

【注释】

①蛣（jié）蜣（qiāng）、蜣蜋（láng）：俗称屎壳郎，一种黑色的甲虫。

15.6　蝎，蛣蝠①。

【注释】

①蝎（hé）、蛣（jié）蝠（qū）：即木中蛀虫。

15.7　蠰①，啮桑。

【注释】

①蠰（shàng）：一种似天牛的桑树害虫。

15.8　诸虑，奚相①。

【注释】

①诸虑、奚相：可能是桑蠹一类的昆虫。

15.9　蜉蝣，渠略①。

①蜉(fú)蝣(yóu)、渠略:一种寿命极短的昆虫,幼虫生活在水中,成虫为褐绿色,有四翅,能飞。

15.10　蛂,蟥蛢^①。

【注释】

①蛂(bié)、蟥(huáng)蛢(píng):俗称金龟子,危害庄稼、树木。

15.11　蠸,舆父,守瓜^①。

【注释】

①蠸(quán)、舆父、守瓜:一种喜食瓜叶的黄甲小虫。

15.12　蝚,蚅蝼^①。

【注释】

①蝚(róu)、蚅(máng)蝼(lóu):蝼蛄类昆虫。

15.13　不蜩,王蚥^①。

【注释】

①不蜩、王蚥(fù):一种大蝉。

15.14　蛄蟴,强蛘^①。

【注释】

①蛄蟴(shī)、强蛘(mǐ):一种米中的黑色小蛀虫。

15.15　不过,蟷蠰^①,其子蜱蛸^②。

【注释】

①不过、蚼 (dāng) 蠰 (náng)：螳螂。

②蜱 (pí) 蛸 (xiāo)：螳螂的卵块。

15.16　蒺藜，蝍蛆^①。

【注释】

①蒺藜、蝍 (jí) 蛆 (jū)：可能是蟋蟀，也可能是蜈蚣。

15.17　蝝，蝮蜪^①。

【注释】

①蝝 (yuán)、蝮 (fù) 蜪 (táo)：蝗的幼虫。

15.18　蟋蟀，蛬^①。

【注释】

①蛬 (qióng)：蟋蟀。

15.19　蟼^①，蟆。

【注释】

①蟼 (jǐng)：一种蛤蟆。

15.20　蛝，马蝬^①。

【注释】

①蛝 (xián)、马蝬 (zhàn)：即马陆，节肢动物，体圆长，吃草根或腐败的植物。

15.21　皇蝱，䗴^①。草蝱，负蠜^②。蜇蝱，蚰蝣^③。蟿蝱，螇蚚^④。土蝱，蠰溪^⑤。

①蛗(fù)螽(zhōng)、蟓(fán)：蝗类的总名。

②草螽、负蠜：蝗虫的一种，雄者鸣声如织机，俗称蝈蝈、织布娘。

③蜤(sī)螽、蜙(sōng)蝑(xū)：蝗类昆虫，体长寸许，绿褐色，雄虫的前翅能发出声音。

④蟿(qì)螽，螇(qī)蚸(lì)：俗称哈答板，绿色或黄褐色，头尖，后翅大，飞时扎扎发声。

⑤土螽、蠰(rǎng)溪(xī)：即灰蚱蜢，蝗类昆虫。

15.22　蠸蚓，蚿蚕①。

【注释】

①蠸(qǐn)蚓、蚿(qiǎn)蚕：即蚯蚓。

15.23　莫貈，蚑蜋，蛑①。

【注释】

①莫貈(hé)、蚑(dāng)蜋(láng)、蛑(móu)：即螳螂。

15.24　虰蛵，负劳①。

【注释】

①虰(dīng)蛵(xīng)、负劳：即蜻蜓。

15.25　蜭，毛蠹①。

【注释】

①蜭(hàn)、毛蠹：即刺毛虫，俗称杨痢子，一种有毒能蜇人的毛虫。

15.26　螷，蛄蛼^①。

【注释】

①螷（mò）、蛄（zhān）蛼（sī）：一种刺毛虫。

15.27　蟠，鼠负^①。

【注释】

①蟠（tán）、鼠负：即鼠妇，体型椭圆，胸部节多足，栖于缸瓮底部等阴湿之处。

15.28　蟫，白鱼^①。

【注释】

①蟫（yín）、白鱼：即蠹鱼，蚀衣服、书籍的蛀虫。

15.29　蛾，罗^①。

【注释】

①蛾、罗：虫蛹变化出来的飞蛾。

15.30　韄，天鸡^①。

【注释】

①韄（hàn）、天鸡：即纺织娘，身体绿色或黄褐色，头小，吃瓜类的花朵、瓜瓢等。

15.31　傅，负版^①。

【注释】

①傅、负版：一种喜欢负重的小虫。

15.32　强，蚚^①。

①强、蚚（qí）：米中的小黑甲虫。

15.33　蚚，螪何^①。

【注释】

①蚚（jié）、螪（shāng）何：可能是蜥蜴类，也可能是米中虫。

15.34　蛷，蛹^①。

【注释】

①蛷（guī）、蛹：即虫蛹，完全变态的昆虫由幼虫发育成虫的过渡状态。

15.35　蚬，缢女^①。

【注释】

①蚬（xiàn）、缢女：蝶类的幼虫，赤头，长寸许，吐丝作茧，悬于空中。

15.36　蚍蜉^①，大蝗^②，小者蝗。蚃，杜蝗^③。蠾，飞蝗^④。其子蚳^⑤。

【注释】

①蚍蜉：一种大蚂蚁。

②蝗（yǐ）：同"蚁"。

③蚃（lóng）、杜（chéng）蝗：一种赤色斑驳的大蚂蚁。

④蠾（wèi）、飞蝗：即白蚁。

⑤蚳（chí）：蚁卵。

15.37　次蠹^①，蜘蛛。蜘蛛，蛛蝥^②。土蜘蛛^③，草蜘蛛^④。

①次畫 (qiū)：即蜘蛛。

②蛛蝥 (wú)：即蜘蛛。

③土蜘蛛：蜘蛛的一种，常常生活在尘土多的地方。

④草蜘蛛：蜘蛛的一种，喜欢生活在草木上。

15.38　土蜂①，木蜂②。

【注释】

①土蜂：一种在地里做房的大蜂。

②木蜂：一种比土蜂小的在树上做房的蜂，江东亦称为木蜂。

15.39　蟦，蛴螬①。

【注释】

①蟦 (féi)、蛴 (qí) 螬 (cáo)：金龟子的幼虫，长寸许，居于土中，以植物根茎等为食，为主要地下害虫。

15.40　蝤蛴，蝎①。

【注释】

①蝤 (qiú) 蛴 (qí)、蝎 (hé)：天牛的幼虫，色白身长，蛀蚀树木。

15.41　蚍威，委黍①。

【注释】

①蚍威、委黍：地鳖虫。

15.42　蟏蛸，长踦①。

【注释】

①蟏 (xiāo) 蛸 (shāo)、长踦 (jǐ)：一种长脚小蜘蛛。

15.43　蛭蝚，至掌[1]。

【注释】

①蛭（zhì）蝚（róu）、至掌：俗称蚂蟥，环节动物，体长稍扁，色黑带绿，尾端有吸盘，吸食人畜血液。

15.44　国貉，虫蠁[1]。

【注释】

①国貉、虫蠁（xiǎng）：即知声虫，又名土蛹。

15.45　蠖，蚇蠖[1]。

【注释】

①蠖（huò）、蚇（chǐ）蠖：尺蠖蛾的幼虫，体细长，生长于树，爬行时一屈一伸。

15.46　果蠃，蒲卢[1]。

【注释】

①果蠃（luǒ）、蒲卢：即细腰蜂，常捕螟蛉喂它的幼虫。

15.47　螟蛉，桑虫[1]。

【注释】

①螟（míng）蛉（líng）、桑虫：螟蛉的幼虫。

15.48　蝎[1]，桑蠹。

【注释】

①蝎（hé）：木中蛀虫。

15.49　荧火，即炤[1]。

①即炤（zhào）：即荧火虫。

15.50 密肌，继英①。

①密肌、继英：又称草鞋底、蓑衣虫等。

15.51 蚅，乌蠋①。

①蚅（è）、乌蠋（zhú）：一种蛾蝶类的幼虫。

15.52 蠓，蠛蠓①。

①蠓（měng）、蠛（miè）蠓：即蠓虫，比蚊子小，喜欢聚集乱飞。

15.53 王，蛈蜴①。

①王、蛈（tiě）蜴（tāng）：土蜘蛛，一种生活在地下的小蜘蛛。

15.54 蟓①，桑茧。雔由②：樗茧、棘茧、栾③茧。蚢④，萧⑤茧。

①蟓（xiàng）：桑蚕。

②雔（chóu）由：三种野蚕的总称。

③樗（chū）、棘、栾：分别指臭椿树、酸枣树、栾华树。

④蚢（háng）：一种野蚕。

⑤萧：艾蒿。

15.55 　螱丑罅①。螽丑奋②。强丑捋③。蜂丑螸④。蝇丑扇⑤。

【注释】

①螱(zhù)丑罅(xià)：飞螱类的昆虫多裂缝而生。罅，裂缝。

②螽丑奋：螽螗类昆虫喜好作声奋飞。

③强丑捋(luō)：强蚚类昆虫喜好用脚捋。

④蜂丑螸(yú)：蜂类昆虫喜好垂腹部。

⑤蝇丑扇：蝇类昆虫喜好摇翅自扇。

15.56 　食苗心，螟①。食叶，螣②。食节，贼③。食根，蟊④。

【注释】

①螟(míng)：螟蛾的幼虫，吃苗心。

②螣(tè)：吃苗叶的昆虫。

③贼：吃苗杆的昆虫。

④蟊(máo)：吃苗根的昆虫。

15.57 　有足谓之虫，无足谓之豸①。

【注释】

①豸(zhì)：无足之虫。

释鱼第十六

16.1　鲤①。

【注释】

①鲤：鲤鱼，身体侧扁，背部苍黑色，腹部黄白色，嘴边有长短须各一对。

16.2　鳣①。

【注释】

①鳣（zhān）：鲟鳇鱼，也叫黄鱼。

16.3　鰋①，鲇。

【注释】

①鰋（yǎn）：鲇鱼，又称鳀（tí）。

16.4　鳢①。

【注释】

①鳢（lǐ）：黑鱼、乌鳢，体长，头扁，口大，牙尖，青褐色，有黑色斑块。

16.5　鲩①。

【注释】

①鲩（huàn）：即草鱼，体略呈圆筒形，青黄色。

16.6　鲨，鮀①。

【注释】

①鲨 (shā)、鮀 (tuó)：吹沙小鱼。

16.7　鮂，黑鲻①。

【注释】

①鮂 (qiú)、黑鲻 (zī)：即白鲦鱼，腹白，鳞细，好群游水面。

16.8　鳛，鰌①。

【注释】

①鳛 (xí)、鰌 (qiū)：泥鳅。

16.9　鲣，大鲖①，小者鮵②。

【注释】

①鲣 (jiān)、大鲖 (tóng)：大黑鱼。

②鮵 (duó)：小黑鱼。

16.10　魾，大鳠①。小者鮡②。

【注释】

①魾 (pī)、大鳠 (hù)：一种似鮎的大鱼。

②鮡 (zhào)：小鳠。

16.11　鱊①，大鰕。

【注释】

①鱊 (hào)：大海虾。

16.12　鲲①，鱼子。

【注释】

①鲲（kūn）：鱼苗。

16.13　鱀，是鱁①。

【注释】

①鱀（jì）、是鱁（zhú）：即白鱀豚，生活在淡水中的鲸类，体型似鱼，皮肤光滑细腻，背部浅灰而腹部洁白。

16.14　鳂①，小鱼。

【注释】

①鳂（yìng）：一种小鱼。

16.15　鮥，鮛鲔①。

【注释】

①鮥（luò）、鮛（shū）鲔（wěi）：小鲟鱼。

16.16　鲿，当魱①。

【注释】

①鲿（jiù）、当魱（hú）：即鲥鱼，体侧扁，背部黑绿色，腹部银白色，肉鲜嫩。

16.17　鮤，鱴刀①。

【注释】

①鮤（liè）、鱴（miè）刀：即鲚（jì）鱼，体型薄而长，又称刀鱼。

16.18　鳞鳄，鳜鮬①。

①鲼（yù）鿉（kū）、鳜（jué）鲉（zhǒu）：一种小鱼，又称鲹鲅鱼，形似鲫鱼，却比鲫鱼小。

16.19　鱼有力者，鳉①。

【注释】

①鳉（huī）：强大而多力的鱼。

16.20　鲼，鰕①。

【注释】

①鲼（fén）、鰕：即斑鱼。

16.21　鲾，鳟①。

【注释】

①鲾（bì）、鳟（zūn）：即赤眼鳟，一名红眼鱼，似草鱼而小，鳞细，多细纹。

16.22　鲂，鲏①。

【注释】

①鲂（táng）、鲏（pí）：即鳊鱼，鳞细，肉厚，味美。

16.23　鳌，鲡①。

【注释】

①鳌（lí）、鲡（lái）：鲥鱼的别称。

16.24　蜎，蠉①。

【注释】

①蜎（yuān）、蠉（xuān）：蚊子的幼虫，即孑孓。

16.25　蛭，虮①。

【注释】

①蛭（zhì）、虮（jǐ）：即水蛭，俗称蚂蟥。

16.26　科斗，活东①。

【注释】

①科斗、活东：蛙或蟾蜍的幼体。

16.27　魁陆①。

【注释】

①魁陆：有两扇贝壳，厚而坚硬，上有瓦楞状突起。

16.28　蜪蚅①。

【注释】

①蜪（táo）蚅（è）：或是蝗虫的卵。

16.29　鼁䗇，蟾诸①。在水者黾②。

【注释】

①鼁（qù）䗇（qiū）、蟾诸：即蟾蜍。

②黾（měng）：水中的蟾蜍。

16.30　蜌，螷①。

【注释】

①蜌（bì）、螷（pí）：一种狭长的蚌。

16.31　蚌,含浆①。

【注释】

①含浆: 蚌的别称。

16.32　鼈三足,能①。龟三足,贲②。

【注释】

①能 (nái): 三足的鼈。

②贲 (fén): 三足的龟。

16.33　蚹蠃,螔蝓①。蠃②,小者蜬③。

【注释】

①蚹 (fù) 蠃、螔 (yí) 蝓 (yú): 蜗牛类的软体动物。

②蠃 (luó): 即螺。

③蜬 (hán): 即小螺。

16.34　蝐蛑①,小者蟧②。

【注释】

①蝐 (huá) 蛑 (zé): 螺壳内寄居虫, 形似蜘蛛, 常戴壳而游。

②蟧 (láo): 小的蝐蛑。

16.35　蜃①,小者珧②。

【注释】

①蜃 (shèn): 大蛤。

②珧 (yáo): 小的蜃。

16.36　龟,俯者灵①,仰者谢②,前弇诸果③,后弇诸猎④,左倪不类⑤,右倪不若⑥。

【注释】

①俯者灵：爬行时低头向下的叫灵龟。

②仰者谢：爬行时仰头向上的叫谢龟。

③前弇诸果：爬行时龟甲前掩的叫果龟。弇（yǎn），覆盖。

④后弇诸猎：爬行时龟甲后掩的叫猎龟。

⑤左倪不类：爬行时头向左斜视的叫类龟。倪（ní），侧目斜视。不，语助词，无意义。

⑥右倪不若：爬行时头向右斜视的叫若龟。

16.37　贝，居陆赎^①，在水者蜬^②。大者魧^③，小者鲼^④。玄贝^⑤，贻贝。余貾^⑥，黄白文。余泉^⑦，白黄文。蚆^⑧，博而颊。蜠^⑨，大而险。蜻^⑩，小而椭。

【注释】

①赎（biāo）：居于陆地的贝称为赎。

②蜬（hán）：生活在水中的贝类称为蜬。

③魧（háng）：大贝叫魧。

④鲼（jì）：小贝叫鲼。

⑤玄贝：一种贝类，又称淡菜、贻贝。

⑥余貾（chí）：黄底白纹的贝。

⑦余泉：贝名，白底黄纹的贝。

⑧蚆（bā）：体大、中间宽两头尖的贝。

⑨蜠（jùn）：大而薄的贝。

⑩蜻（jì）：体型小而呈椭圆形的贝。

16.38　蠑螈^①，蜥蜴。蜥蜴，蝘蜓^②。蝘蜓，守宫也。

①蝾螈 (yuán)：蜥蜴。

②蝘 (yǎn) 蜓 (tíng)：俗称壁虎，也叫守官。

16.39　蚨，蛋①。螣②，螣蛇。蟒③，王蛇。蝮虺④，博三寸，首大如擘。

【注释】

①蚨 (dié)、蛋 (è)：毒蛇名，蝮蛇的一种。

②螣 (téng)：螣蛇，传说中一种能飞的蛇。

③蟒：一种无毒的大蛇。

④蝮 (fù) 虺 (huǐ)：蝮蛇，头呈三角形，身宽三寸，头大得像人的胳膊。

16.40　鲵①，大者谓之鰕。

【注释】

①鲵 (ní)：俗称娃娃鱼，两栖动物，体长约1米，皮肤黏滑，头扁圆，口大，栖息于山溪中。

16.41　鱼枕①谓之丁，鱼肠谓之乙②，鱼尾谓之丙③。

【注释】

①鱼枕：鱼骨头。

②鱼肠谓之乙：鱼肠像乙字，故称为乙。

③鱼尾谓之丙：鱼尾像丙字，故称为丙。

16.42　一曰神龟①，二曰灵龟②，三曰摄龟③，四曰宝龟④，五曰文龟⑤，六曰筮龟⑥，七曰山龟⑦，八曰泽龟⑧，九曰水龟⑨，十曰火龟⑩。

【注释】

①神龟：古人用来占卜吉凶的龟，被视为大宝，十朋之龟之一。

②灵龟：十朋之龟之一，有灵应的龟。

③摄龟：十朋之龟之一，小龟名。

④宝龟：十朋之龟之一，古代用来占卜吉凶的龟。

⑤文龟：十朋之龟之一，甲有文彩的龟。

⑥筮龟：十朋之龟之一，潜伏在蓍丛下的龟。

⑦山龟：十朋之龟之一，生于山中，大名叫蟕蠵的龟。

⑧泽龟：十朋之龟之一，生长在沼泽中的龟。

⑨水龟：十朋之龟之一，生于水中的龟。

⑩火龟：十朋之龟之一，传说像火鼠那样不怕火的龟。

释鸟第十七

17.1　隹其，鳺鴀[1]。

【注释】

　　[1]隹（zhuī）其、鳺（fū）鴀（fǒu）：又名夫不，即火斑鸠，体小，尾短，颈无斑。

17.2　鶌鸠，鶻鵃[1]。

【注释】

　　[1]鶌（jué）鸠、鶻（gǔ）鵃（zhōu）：一种似山鹊的小鸟。

17.3　鳲鸠，鴶鵴[1]。

【注释】

　　[1]鳲（shī）鸠、鴶（jiá）鵴（jú）：即布谷鸟，以鸣声似"布谷"而得名，因鸣于播种时，故相传为劝耕之鸟。

17.4　鷑鸠，鵧鷑[1]。

【注释】

　　[1]鷑（jí）鸠、鵧（píng）鷑：一种小黑鸟，五更时鸣叫，催人劳作。

17.5　鴡鸠，王鴡[1]。

【注释】

　　[1]鴡（jū）鸠、王鴡：雕类小鸟，常在江边食鱼，其鸣雌雄应和。

17.6　鹒,鸹鶀①。

【注释】

①鹒(gé)、鸹(jì)鶀(qí):即猫头鹰,羽毛淡褐色,多黑斑,昼伏夜出,食物以鼠类为主。

17.7　鴡,鵌轨①。

【注释】

①鴡(zī)、鵌(tú)轨:可能是猫头鹰一类的鸟。

17.8　鸻,天狗①。

【注释】

①鸻(lì)、天狗:即鱼狗,体小,嘴长,尾短,羽毛多翠色,主食鱼虾。

17.9　鹨,天鷚①。

【注释】

①鹨(liù)、天鷚(yuè):即云雀,又名告天鸟。

17.10　鸠鵝①,鹅。

【注释】

①鸠(lù)、鵝(lǔ):即野鹅。

17.11　鸧,麋鸹①。

【注释】

①鸧(cāng)、麋鸹(guā):一种似鹤的鸟,体苍青色。

17.12　鸹,乌鷃①。

①鸧（luò）、乌鷃（bǔ）：水鸟名，一种能高飞的水鸟。

17.13　舒雁①，鹅。

【注释】

①舒雁：鹅的别称。

17.14　舒凫，鹜①。

【注释】

①舒凫（fú）、鹜（wù）：即鸭。

17.15　鴶，鸡鹘①。

【注释】

①鴶（jiān）、鸡（jiāo）鹘（jīng）：即池鹭，一种体大如野鸭，高腿长嘴，红冠翠羽的水鸟，活动于湖沼、稻田一带。

17.16　与，鸩鹒①。

【注释】

①与、鸩（jǐng）鹒（tú）：意义未详，可能是鸦类鸟名。

17.17　鹈，鸮鹈①。

【注释】

①鹈（tí）、鸮（wū）鹈（zé）：鹈鹕，也叫塘鹅，嘴长过尺，下有皮囊，可沉入水中捕鱼。

17.18　翰，天鸡①。

【注释】

①鶾(hàn)、天鸡:即赤羽山鸡。

17.19　鷽^①,山鹊。

【注释】

①鷽(xué):山鹊的别称,羽毛主要为蓝色,嘴、脚红色,尾巴长,性凶悍,常常掠夺其他鸟的卵。

17.20　鷣,负雀^①。

【注释】

①鷣(yín)、负雀:即鷂。

17.21　啮齿,艾^①。

【注释】

①啮齿、艾:意义未详,可能是雌巧妇鸟。

17.22　鷷,鸸老^①。

【注释】

①鷷(chuàn)、鸸(qí)老:俗称痴鸟,一种鸥类猛禽。

17.23　鴥,鴳^①。

【注释】

①鴥(hù)、鴳(yàn):即鴳雀,弱小不能飞远,为麦收时的候鸟。

17.24　桑鴥^①,窃脂。

【注释】

①桑鴥(hù):又名窃脂,一种小青鸟,钩状嘴,喜欢吃肉和脂肪。

17.25　鸼鹩[1]，剖苇。

【注释】

①鸼(diāo)鹩(liáo)：也叫剖苇鸟，一种吃苇中虫子的小鸟。

17.26　桃虫，鹪[1]，其雌鴱[2]。

【注释】

①鹪(jiāo)：鹪鸟，也叫桃虫，俗称巧妇鸟。

②鴱(ài)：雌鹪鸟叫鴱鸟。

17.27　鶠[1]，凤。其雌皇。

【注释】

①鶠(yǎn)：即凤鸟。雌鸟叫皇。

17.28　鹡鸰，雝渠[1]。

【注释】

①鹡(jí)鸰(líng)、雝渠：即鹡鸰，体小，嘴尖，尾长，常在水边觅食。

17.29　鸒斯，鹎鶋[1]。

【注释】

①鸒(yù)斯、鹎(bēi)鶋(jū)：乌鸦的一个种类。

17.30　燕[1]，白脰[2]乌。

【注释】

①燕：指燕鸟，白色脖颈，喜群飞。

②脰(dòu)：颈项。

17.31　鴌，鵌母[1]。

【注释】

[1]鴌(rú)、鵌(móu)母：鹌鹑类的小鸟。

17.32　密肌，系英[1]。

【注释】

[1]密肌、系英：即英鸡。

17.33　巂周，燕。燕，㺜[1]。

【注释】

[1]巂(guī)周、㺜(yǐ)：燕的别称。

17.34　鸱鸮，鸋鴂[1]。

【注释】

[1]鸱(chī)鸮(xiāo)、鸋(níng)鴂(jué)：可能是猫头鹰。

17.35　狂，茅鸱，怪鸱。枭，鸱[1]。

【注释】

[1]狂、茅鸱、怪鸱、枭、鸱：都是猫头鹰的别称。

17.36　鷑，刘疾[1]。

【注释】

[1]鷑(jiē)、刘疾：雄的鹩(liáo)鹑。

17.37　生哺，鷇[1]。生噣[2]，雏。

【注释】

[1]鷇(kòu)：由母鸟喂养的幼鸟。

②噣（zhuó）：同“啄”。

17.38　爰居，杂县①。

【注释】

①爰居、杂县：一种大海鸟。

17.39　春鳸①，鳻鶞。夏鳸②，窃玄。秋鳸③，窃蓝。冬
鳸④，窃黄。桑鳸⑤，窃脂。棘鳸⑥，窃丹。行鳸⑦，唶唶。宵
鳸⑧，啧啧。

【注释】

①春鳸（hù）：也叫鳻（fén）鶞（chūn）。鳸，与农业有关的候鸟
总称。

②夏鳸：也叫窃玄鸟。窃，浅；玄，黑红色。

③秋鳸：也叫窃蓝鸟。窃蓝，浅蓝色。

④冬鳸：也叫窃黄鸟。窃黄，浅黄色。

⑤桑鳸：也叫窃脂鸟。窃脂，浅白色。

⑥棘鳸：也叫窃丹鸟。窃丹，浅红色。

⑦行鳸：也叫唶（jí）唶鸟。唶唶，鸟的鸣叫声。

⑧宵鳸：也叫啧啧鸟。啧啧，鸟的鸣叫声。

17.40　鵖鴔，戴鵀①。

【注释】

①鵖（bī）鴔（fú）、戴鵀（rén）：即戴胜鸟，状似雀，头有冠，五色
如妇女的首饰花胜。

17.41　鸳，泽虞①。

①鸧 (fǎng)、泽虞：即护田鸟。

17.42　鸬，鹢①。

【注释】

①鸬 (cí)、鹢 (yì)：俗称鱼鹰，羽毛黑色，有绿色光泽，嘴长，上嘴尖有钩，善潜水捕鱼。

17.43　鷯①，鹑，其雄鶛②，牝痹③。

【注释】

①鷯 (liáo)：即鹌鹑。

②鶛 (jiē)：雄鹌鹑。

③牝 (pìn) 痹 (pí)：雌鹌鹑叫痹。

17.44　鸸，沉凫①。

【注释】

①鸸 (mí)、沉凫：即水鸭。

17.45　鸮，头鸮①。

【注释】

①鸮 (yǎo)、头鸮 (xiāo)：即鱼鸮，一种水鸟。

17.46　鸡鸠，寇雉①。

【注释】

①鸡 (duò) 鸠、寇雉：即突厥雀，又名沙鸡，大小如鸽子，外形像母鸡，生活在草原沙漠地带，喜群飞。

17.47　萑，老鵵①。

【注释】

①萑(huán)、老鵵(tù)：猫头鹰的一种。

17.48　鵌鹕鸟①。

【注释】

①鵌(tú)鹕(hú)鸟：即白头翁。

17.49　狂，鹙鸟①。

【注释】

①狂、鹙(mèng)鸟：一种五色有冠的鸟，可能是猫头鹰的一种。

17.50　皇，黄鸟①。

【注释】

①皇、黄鸟：即黄雀。

17.51　翠，鹬①。

【注释】

①翠、鹬(yù)：即翠鸟。

17.52　鹔，山乌①。

【注释】

①鹔(shǔ)、山乌：即红嘴山鸦，通体黑亮，嘴鲜红，脚淡红，常结群高飞，筑巢于石窟、土穴之中。

17.53　蝙蝠，服翼①。

【注释】

①蝙蝠、服翼：也叫仙鼠，哺乳动物，头部和躯干似鼠，四肢和尾部之间有膜相连，常在夜间飞行，捕食蚊、蛾等昆虫。

17.54　晨风，鹯①。

【注释】

①晨风、鹯（zhān）：一种似鹞的猛禽，羽毛青黄色，飞行迅速，善于捕食小鸟。

17.55　鸉，白鷢①。

【注释】

①鸉（yáng）、白鷢（jué）：也叫白鹞子，似雀鹰，尾巴白色。

17.56　寇雉，泆泆①。

【注释】

①寇雉、泆泆（yì）：即突厥雀，又名沙鸡。

17.57　鷏，蚊母①。

【注释】

①鷏（tián）、蚊母：一种似乌䳍（bǔ）的水鸟。

17.58　鷉，须蠃①。

【注释】

①鷉（tī）、须蠃（luó）：俗称油鸭，似鸭而小，善潜水。

17.59　鼯鼠，夷由①。

【注释】

①鼯（wú）鼠、夷由：俗称大飞鼠，哺乳动物，形似蝙蝠，前后肢之间有宽大的薄膜，能在树间滑翔，吃植物的皮、果实和昆虫等。

17.60　仓庚，商庚①。

【注释】

①仓庚、商庚：即黄鹂，身体黄色，自眼部至头后部黑色，嘴淡红色，鸣声悦耳。

17.61　鴩，铺豉①。

【注释】

①鴩（dié）、铺（pù）豉（chǐ）：鸟名，可能是古代一种鸣叫声似"铺豉"的鸟。

17.62　鹰，鶆鸠①。

【注释】

①鹰、鶆（lái）鸠：指灰脸鵟（kuáng）鹰。

17.63　鹣鹣，比翼①。

【注释】

①鹣（jiān）鹣、比翼：即比翼鸟。

17.64　鵹黄，楚雀①。

【注释】

①鵹（lí）黄、楚雀：即黄鹂。

17.65　鴷，斫木①。

【注释】

①鴷（liè）、斫（zhuó）木：即啄木鸟。

17.66　鸄，鹎鵌①。

【注释】

①鸄（jī）、鹎（táng）鵌（tú）：一种似乌而羽毛苍白的鸟。

17.67　鸬，诸雉①。

【注释】

①鸬（lú）、诸雉：野雉的一种，或为黑色。

17.68　鹭，舂锄①。

【注释】

①鹭、舂（chōng）锄（chú）：即白鹭。

17.69　鹞雉①。鷮雉②。鸬雉③。鸄雉④。秩秩，海雉⑤。鸐，山雉⑥。雗雉⑦，鹎雉⑧。雉绝有力，奋⑨。伊洛而南，素质五采皆备成章曰翚⑩。江淮而南，青质五采皆备成章曰鹞⑪。南方曰畴，东方曰鶅，北方曰鶨，西方曰鷷⑫。

【注释】

①鹞（yáo）雉：青羽、有五彩花纹的野鸡。

②鷮（jiāo）雉：也叫鷮鸡，羽毛红艳，身体长度不到一尺，尾巴长六尺，一边跑一边鸣叫。

③鸬（bú）雉：黄色羽毛、鸣叫声类似"卜"声的野鸡。

④鸄（bì）雉：也叫金鸡，即锦鸡。

⑤秩秩、海雉：黑羽毛长尾巴，生活在海岛上的一种野鸡。

⑥翟（dí）、山雉：也叫山鸡，雄鸡尾巴长三尺多，灰色。

⑦鶾（hàn）雉：赤红色羽毛的野鸡。

⑧鵫（zhuó）雉：即白鹇，白色羽毛的野鸡。

⑨雉绝有力，奋：野鸡中极为强健有力的善于搏斗的，叫奋。

⑩伊洛而南，素质五采皆备成章曰翬（huī）：伊洛以南，有白色羽毛并且带五彩花纹的野鸡，称为翬。

⑪江淮而南，青质五采皆备成章曰鷂：江淮以南，有青色羽毛并带五彩花纹的野鸡，称为鷂。

⑫南方曰䴄（chóu），东方曰鶅（cī），北方曰鵗（xī），西方曰鵫（zūn）：南方的野鸡叫䴄，东方的野鸡叫鶅，北方的野鸡叫鵗，西方的野鸡叫鵫。

17.70　鸟鼠同穴，其鸟为鵌①，其鼠为鼵②。

【注释】

①鵌（tú）：有一种鸟与鼠同处一个洞穴的情况，这当中的鸟叫鵌。

②鼵（tū）：这当中的鼠叫鼵。

17.71　鸛鶎，鴇鸚①。如鹊短尾，射之衔矢射人。

【注释】

①鸛（huān）鶎（tuán）、鴇（fú）鸚（róu）：外形如鹊，尾巴短，如果有人用箭射它，它会用嘴衔箭，反过来射人。

17.72　鹊鵙丑，其飞也翪①。鸢乌丑，其飞也翔②。鹰隼丑，其飞也翬③。凫雁丑，其足蹼，其踵企④。乌鹊丑，其掌缩⑤。

【注释】

①鹊鸼（jú）丑，其飞也翪（zōng）：鹊鸼类的鸟，振翅上下飞动。鸼，伯劳。

②鸢乌丑，其飞也翔：鸢乌一类的鸟，盘旋在高空飞翔。

③鹰隼丑，其飞也翚（huī）：鹰隼一类的鸟，飞行急速勇猛。

④凫雁丑，其足蹼，其踵企：凫雁一类的鸟，足上有蹼，飞行时伸直脚跟。

⑤乌鹊丑，其掌缩：乌鹊一类的鸟，飞行时脚缩在腹下。

17.73 亢①，鸟咙。其粻②，嗉③。

【注释】

①亢（gāng）：鸟的喉咙。

②粻（zhāng）：米粮、食物。

③嗉（sù）：鸟类食管末端盛食物的囊。

17.74 鹑子，鳼①。鴑子②，鸋③。雉之暮子为鷚④。

【注释】

①鳼（wén）：鹌鹑的幼雏。

②鴑（rú）子：鹌鹑类的小鸟。

③鸋（níng）：鴑的幼雏。

④鷚（liù）：野鸡晚生的幼雏。

17.75 鸟之雌雄不可别者，以翼右掩左，雄①。左掩右，雌②。

【注释】

①以翼右掩左，雄：用右翅遮掩左翅的是雄鸟。

②左掩右，雌：用左翅遮掩右翅的是雌鸟。

17.76　鸟少美长丑为鹠鹠①。

【注释】

①鹠（liú）鹠（lì）：也作"留离"，一种幼小时美丽，长大后丑恶的鸟。

17.77　二足而羽谓之禽①，四足而毛谓之兽②。

【注释】

①禽：有两足而且有羽毛的叫禽。

②兽：有四足而且有绒毛的叫兽。

17.78　鸠，伯劳也①。

【注释】

①鸠（jú）：也叫伯劳，背羽毛灰褐色，胸部羽毛乳白色，长尾，钩嘴，性情凶猛。

17.79　仓庚，鹂黄①也。

【注释】

①仓庚、鹂（lí）黄：即黄鹂。

释兽第十八

18.1 麋^①：牡麎^②，牝麎^③。其子麆^④，其迹躔^⑤，绝有力狄^⑥。

【注释】

①麋（mí）：即麋鹿，角像鹿，尾像驴，蹄像牛，颈像骆驼，俗称四不像。性温顺，吃植物。

②麎（jiù）：雄性麋鹿，有角。

③麎（chén）：雌性麋鹿。

④麆（yǎo）：幼小的麋鹿。

⑤躔（chán）：麋鹿践踏过的蹄迹。

⑥狄：极为健壮有力的麋鹿。

18.2 鹿^①：牡麚^②，牝麀^③。其子麛^④，其迹速^⑤，绝有力麣^⑥。

【注释】

①鹿：毛多是褐色，四肢细长，尾巴短，通常雄性头上有角，个别种类雌性也有角，也有雌雄均无角，种类很多。

②麚（jiā）：公鹿。

③麀（yōu）：母鹿。

④麛（mí）：幼鹿。

⑤速：鹿践踏过的蹄迹。

⑥麛（jiān）：极为健壮有力的鹿。

18.3　麇①：牡麌②，牝麜③。其子麆④，其迹解⑤，绝有力豣⑥。

【注释】

①麇（jūn）：獐子，状似鹿而小，无角。毛粗长，背部黄褐色，腹部白色，行动灵敏，善跳，能游泳。

②麌（yǔ）：公獐子。

③麜（lì）：母獐子。

④麆（zhù）：幼獐子。

⑤解：獐子践踏过的蹄迹。

⑥豣（jiān）：极为强壮有力的獐子。

18.4　狼①：牡貛②，牝狼。其子獥③，绝有力迅④。

【注释】

①狼：耳竖立，毛黄色或灰褐色，尾下垂，栖息在山林中，性凶残，往往结群伤害禽畜。

②貛（huān）：公狼。

③獥（jiào）：幼狼。

④迅：极为强壮有力的狼。

18.5　兔子，嬔①。其迹迒②，绝有力欣③。

【注释】

①嬔（fù）：幼兔。

②迒（háng）：兔子践踏过的爪印。

③欣：极为强壮有力的兔子。

18.6　豕子①，猪。豶，豮②。幺，幼③。奏者，豱④。豕生三，豵⑤；二，师⑥；一，特⑦。所寝，橧⑧。四蹢⑨皆白，豥⑩。其迹刻⑪，绝有力豟⑫。牝，豝⑬。

【注释】

①子：衍文。

②豶（wěi）、豮（fén）：阉割了的猪。

③幺、幼：最后出生的小猪。

④豱（wēn）：皮肤皱缩，头短貌丑的猪。

⑤豵（zōng）：猪一胎生三只，猪仔叫豵。

⑥师：猪一胎生两只，猪仔叫师。

⑦特：猪一胎生一只，猪仔叫特。

⑧橧（zēng）：猪圈。

⑨蹢（dí）：猪脚。

⑩豥（gāi）：四蹄都是白色的猪。

⑪刻：猪践踏过的蹄迹。

⑫豟（è）：极为健壮有力的身高五尺的猪。

⑬豝（bā）：母猪。

18.7　虎窃①毛谓之虦猫②。

【注释】

①窃：浅。

②虦（zhàn）猫：毛色浅的虎。

18.8　貘①，白豹。

【注释】

①貘（mò）：即白豹。

18.9　甝^①，白虎。虪^②，黑虎。

【注释】

①甝（hán）：即白虎。

②虪（shù）：即黑虎。

18.10　貀^①，前无足。

【注释】

①貀（nà）：一种没有两只前腿的野兽。

18.11　鼳^①，鼠身长须而贼，秦人谓之小驴。

【注释】

①鼳（jú）：兽名，身体如鼠，长有长须，暗地里损坏植物，白天住在土穴中，夜晚出来捕食昆虫，秦地的人称为小驴。

18.12　熊虎丑，其子狗^①。绝有力麙^②。

【注释】

①狗：熊虎一类的动物，它们的幼仔叫作狗。

②麙（yán）：极为强壮有力的熊虎。

18.13　狸^①子，隶^②。

【注释】

①狸：即野猫。

②隶（sì）：狸猫的幼仔。

18.14　貈^①子，貆^②。

【注释】

①貈（hé）：即狗獾，外形似狐狸而较小。

②貆（huán）：狗獾的幼仔。

18.15　貒^①子，貗^②。

【注释】

①貒（tuān）：即猪獾，外形似猪而较小。

②貗（jù）：猪獾的幼仔。

18.16　貔^①，白狐。其子縠^②。

【注释】

①貔（pí）：豹类猛兽，似虎，毛灰白色。

②縠（hù）：貔的幼仔。

18.17　麝父^①，麏足^②。

【注释】

①麝（shè）父：即香獐，似鹿而较小，无角，雄性能产出麝香。

②麏（jūn）：獐子。

18.18　豺^①，狗足。

【注释】

①豺：即豺狗，形似狼而凶狠，常集群攻击牛、羊等家畜。

18.19　貙獌^①，似狸。

【注释】

①貙（chū）獌（màn）：指大的貙虎，狼类猛兽。

18.20 罴^①,如熊,黄白文。

【注释】

①罴(pí):俗称人熊或马熊,可直立行走,能爬树、游泳,有黄白相间的皮毛。

18.21 麢^①,大羊。

【注释】

①麢(líng):即羚羊。

18.22 麈^①,大麃,牛尾,一角。

【注释】

①麈(jīng):即水鹿,又名马鹿,体高状,栗棕色,耳大而直立,四肢细长。尾巴像牛的尾巴,有一个角。

18.23 麇^①,大麢,旄毛^②,狗足。

【注释】

①麇(jǐ):即麂,小型的鹿,雄的有长牙和短角。

②旄(máo)毛:长毛。

18.24 魋^①,如小熊,窃毛而黄。

【注释】

①魋(tuí):一种似小熊的野兽。

18.25 㹨貐^①,类貙,虎爪,食人,迅走。

【注释】

①㹨(yà)貐(yǔ):古代传说中的吃人凶兽。

18.26　狻麑①，如虦猫②，食虎豹。

【注释】

①狻(suān)麑(ní)：即狮子。

②虦(zhàn)猫：浅毛虎。

18.27　䮷①，如马，一角，不角者骐②。

【注释】

①䮷(xī)：像马，有一角，角如鹿茸。

②骐：没有角的被称为骐。

18.28　羱①，如羊。

【注释】

①羱(yuán)：羱羊，野羊的一种。

18.29　麐①，麕身，牛尾，一角。

【注释】

①麐(lín)：同"麟"，即麒麟。古代传说中的一种动物，形状像鹿，头上有角，全身有鳞甲，尾巴像牛尾。在古代是吉祥的象征。

18.30　犹①，如麂，善登木。

【注释】

①犹：也称犹猢，猴类兽名，似猴而足短，善于攀登岩树。

18.31　羠①，修毫。

【注释】

①羠(sì)：长毛兽，外形像狗。

18.32　貙^①，似狸。

【注释】

①貙（chū）：貙虎，狼类猛兽。

18.33　兕^①，似牛。

【注释】

①兕（sì）：犀牛一类的兽名，形状像野牛，毛青色，一只角，皮厚，可以制甲。

18.34　犀^①，似豕。

【注释】

①犀（xī）：即犀牛，形状像牛，体型较大，鼻子上有一角或两角，还有三角的。皮厚毛少。

18.35　汇^①，毛刺。

【注释】

①汇：即刺猬，头小，四肢短，身上有硬刺，昼伏夜出，吃昆虫、鼠、蛇等。

18.36　狒狒^①，如人，被发，迅走，食人。

【注释】

①狒狒（fèi）：古代传说中的猿类动物，头部像狗，四肢短，尾巴长，毛灰褐色，像人披散头发，奔跑迅速，吃人。

18.37　狸、狐、鼬、貈丑，其足蹯^①，其迹内^②。

【注释】

①蹯（fán）：兽足掌。

②内（róu）：兽足迹。

18.38　蒙颂^①，猱^②状。

【注释】

①蒙颂：猴类动物，形状像长尾猴而小，紫黑色，善捕鼠。

②猱（náo）：猕猴，猿类动物，身体敏捷，善攀援。

18.39　猱、蝯^①，善援。玃父^②，善顾。

【注释】

①蝯（yuán）：即猿，猴类动物，似猴而大，没有尾巴，种类很多，善于攀援。

②玃（jué）父：一种猴，似猕猴而大，色苍黑，喜欢顾盼。

18.40　威夷^①，长脊而泥^②。

【注释】

①威夷：兽名，一种长脊背而少力量的动物。

②泥：弱、力小。

18.41　麌^①麎^②，短脰^③。

【注释】

①麌（jiù）：雄性麋鹿。

②麎（chén）：雌性麋鹿。

③脰（dòu）：颈项。

18.42　戁^①，有力。

【注释】

①戁（xuǎn）：兽名，一种很有力量非常凶猛的像狗的动物。

18.43　玃^①，迅头。

【注释】

①玃(jú)：一种像猴的动物，头部常常快速扭动。

18.44　蜼^①，卬^②鼻而长尾。

【注释】

①蜼(wèi)：一种长尾猴。

②卬(yǎng)：同"仰"。

18.45　时^①，善乘领^②。

【注释】

①时：一种喜好攀登山岭的动物。

②乘领：攀登山岭。领，同"岭"。

18.46　猩猩^①，小而好啼。

【注释】

①猩猩：猿猴类动物，叫声像小儿啼哭。

18.47　阙泄^①，多狃^②。——寓属。

【注释】

①阙泄：一种多脚趾的动物。

②狃(niǔ)：脚趾。

18.48　鼢鼠^①。

【注释】

①鼢(fén)鼠：俗称地老鼠，体矮胖，前肢爪很长，居住地中。

18.49　鼸鼠^①。

【注释】

①鼸(xiàn)鼠：又称香鼠，田鼠的一种，灰色短尾。

18.50　鼷鼠^①。

【注释】

①鼷(xī)鼠：鼠类中最小的一种。旧说有毒，啮人畜皆不觉痛，但皮肤会生疮。又称甘口鼠。

18.51　鼶鼠^①。

【注释】

①鼶(sī)鼠：大田鼠。

18.52　鼬鼠^①。

【注释】

①鼬(yòu)鼠：俗称黄鼠狼，又名黄鼬，尾长，四肢短，栖息于林中水边、田间以及多石头的平原等处。能放臭气御敌。

18.52　鼩鼠^①。

【注释】

①鼩(qú)鼠：又称地鼠，哺乳动物，体小、尾短，形似小鼠，穴居田中。

18.53　鼭鼠^①。

【注释】

①鼭(shí)鼠：鼠名，意义未详。

18.54　鼣鼠^①。

【注释】

①鼣（fèi）鼠：一种叫声如狗的鼠。

18.55　鼫鼠^①。

【注释】

①鼫（shí）鼠：大老鼠，头似兔，尾有毛，青黄色，喜欢在田里吃豆子之类的作物。

18.56　鼤鼠^①。

【注释】

①鼤（wén）鼠：即斑尾鼠。

18.57　鼨鼠^①，豹文。

【注释】

①鼨（zhōng）鼠：即豹文鼠，一种身体上有豹纹的鼠。

18.58　鼮鼠^①。

【注释】

①鼮（tíng）鼠：一种身体上有荧荧光辉斑点的鼠。

18.59　鼶鼠^①。——鼠属。

【注释】

①鼶（xī）鼠：即松鼠。

18.60　牛曰齝^①，羊曰齥^②，麋鹿曰齸^③。

【注释】

①齝 (chī)：牛反刍。

②齛 (xiè)：羊反刍。

③齸 (yì)：麋鹿反刍。

18.61　鸟曰嗉①，寓鼠曰嗛②。——齸属。

【注释】

①嗉 (sù)：鸟类喉下贮藏食物的地方。

②嗛 (qiǎn)：猴鼠类颊中贮藏食物的地方。

18.62　兽曰齅①，人曰挢②，鱼曰须③，鸟曰臭④。——须属。

【注释】

①齅 (xìn)：兽类引气喘息以休息。

②挢 (jiǎo)：人类伸展身体以休息。

③须：鱼类张口鼓腮以休息。

④臭 (jú)：鸟类摇拍两翅以休息。

释畜第十九

19.1　駒騟^①，马。

【注释】

①駒(táo)騟(tú)：良马名，生活在北方的青色的一种马。

19.2　野马^①。

【注释】

①野马：北方的一种良马，体型较小，行走速度快且有耐力。

19.3　駮^①，如马，倨牙，食虎豹。

【注释】

①駮(bó)：传说中的猛兽名，形体像马，牙齿倨曲。

19.4　騉蹄^①，趼^②，善升甗^③。

【注释】

①騉(kūn)蹄：良马名。

②趼(yán)：蹄底平正。

③甗(yǎn)：山岭。

19.5　騉駼^①，枝蹄^②趼，善升甗。

【注释】

①騉駼(tú)：良马名，马身而牛蹄，善于登高爬山。

②枝蹄：歧蹄。

19.6　小领^①，盗骊^②。

【注释】

①领：颈。

②盗骊：良马名，细脖子的良马。

19.7　绝有力駃^①。

【注释】

①駃（róng）：强壮有力的马。

19.8　膝上皆白，惟駥^①。四骹^②皆白，驓^③。四蹄皆白，騚^④。前足皆白，騱^⑤。后足皆白，翑^⑥。前右足白，启^⑦；左白，踦^⑧。后右足白，骧^⑨；左白，馵。

【注释】

①駥（zhù）：膝以上全白的马。

②骹（qiāo）：小腿。

③驓（céng）：四条小腿全白的马。

④騚（qián）：四条蹄子全白的马。

⑤騱（xí）：前脚全白的马。

⑥翑（qú）：后脚全白的马。

⑦启：前右脚白的马。

⑧踦（qí）：前左脚白的马。

⑨骧（xiāng）：后右脚白的马。

19.9　骊马^①白腹，騵^②。骊马^③白跨^④，驈^⑤。白州^⑥，驠^⑦。尾本^⑧白，騴^⑨。尾白，駺^⑩。驳颡^⑪，白颠。白达^⑫，素^⑬

县。面颡皆白,惟駹^⑭。

【注释】

①骝(liú)马:红身黑鬃尾的马。

②骟(yuán):腹下白色的骝马叫骟。

③骊(lí)马:黑色的马。

④跨:髀间。

⑤骕(yù):黑马髀间是白色的马。

⑥州:即"窍",就是尻。

⑦騴(yàn):臀部是白色的马。

⑧本:根部、底部。

⑨騇(yàn):马尾根部是白色的马。

⑩駺(láng):尾巴是白色的马。

⑪馰(dí)颡(sǎng):馰,即"的",白色;颡,额。额有白毛的,就是白颠马。

⑫白达:白色从额头直达鼻端,这样的马叫素县(xuán)。

⑬素:鼻茎。

⑭駹(máng):面额都是白色的马。

19.10 回毛^①在膺^②,宜乘^③。在肘后,减阳^④。在干,茀方^⑤。在背,阅广^⑥。

【注释】

①回毛:旋毛。

②膺:胸。

③宜乘:旋毛在胸腹部的马叫宜乘。

④减阳:旋毛在股后的马叫减阳。

⑤干：肋，即胸部的两侧。苿（fú）方：旋毛在肋部的马。

⑥阕广：旋毛在后背的马。

19.11　逆毛①，居馻②。

【注释】

①逆毛：毛逆着长。

②馻（yǔn）：毛逆着长的马。

19.12　騋①：牝，骊②；牡，玄③；驹，褭骖④。

【注释】

①騋（lái）：身高七尺以上的马。

②骊：毛黑色。

③玄：毛黑色中带有红色。

④褭（niǎo）骖（cān）：小马。

19.13　牡曰骘①，牝曰骒②。

【注释】

①骘（zhì）：公马叫骘。

②骒（shè）：母马叫骒。

19.14　骝①白，驳②；黄白，骒③。骝马黄脊，騜④；骝马黄脊，骒⑤。青骊，駽⑥；青骊驎，駰⑦；青骊繁鬣，骢⑧。骝白杂毛，駂⑨；黄白杂毛，駓⑩；阴白杂毛，骃⑪；苍白杂毛，骓⑫；彤白杂毛，騢⑬。白马黄鬣，骆⑭；白马黑唇，駩⑮；黑喙，騧⑯。一目白，䀹⑰；二目白，鱼⑱。

【注释】

①骝（liú）：红。

②駁：有红有白的马叫驳。

③騜（huáng）：马的毛有黄有白的叫騜。

④騝（qián）：赤红色的马，脊背有黄毛，叫騝。

⑤騽（xí）：青黑色的马，脊背上有黄毛，叫騽。

⑥駽（xuān）：兼有青毛、黑毛的马。

⑦騧（tuó）：毛青色又有鳞状斑纹的马。

⑧駯（róu）：毛色青黑而鬃毛繁多向两侧分开的马。

⑨駂（bǎo）：毛色黑白相杂的马。

⑩駓（pī）：毛色黄白相杂的马。

⑪駰（yīn）：毛浅黑色兼有白色毛的马。阴，浅黑色。

⑫騅（zhuī）：毛浅青色兼有白色毛的马。苍，浅青色。

⑬騢（xiá）：毛赤红色兼杂白色毛的马。彤，赤红色。

⑭駱：有黑色鬃毛的白马。

⑮駩（quān）：有黑唇的白马。

⑯騧（guā）：嘴是黑色的马。

⑰騆（xián）：一只眼睛的毛色是白色的马。

⑱鱼：两只眼睛的毛色是白色的马。

19.15　"既差我马"①，"差，择也"。宗庙齐毫②，戎事齐力③，田猎齐足④。——马属。

【注释】

①既差我马：《诗经·小雅·吉日》的句子。差，意思为选择。

②齐毫：马的毛色要统一。宗庙祭祀要用毛色一致的马，以示敬重。

③戎事齐力：战争选择战马，要用强壮的马。

④田猎齐足：打猎要选择跑得快的马。

19.16　犘牛^①。

【注释】

①犘（má）牛：大牛。

19.17　犦牛^①。

【注释】

①犦（bó）牛：一种颈肉隆起的野牛。

19.18　犤牛^①。

【注释】

①犤（pái）牛：一种矮小的牛。

19.19　犩牛^①。

【注释】

①犩（wéi）牛：一种高大的野牛。

19.20　犣牛^①。

【注释】

①犣（liè）牛：即耗牛。

19.21　犝牛^①。

【注释】

①犝（tóng）牛：无角小牛。

19.22　犋牛^①。

①犑（jú）牛：牛名。意义未详。

19.23　角一俯一仰，觭[①]。皆踊，觢[②]。

【注释】

①觭（jī）：牛的两角，一只低一只高，这样的牛叫觭。

②觢（shì）：牛的两角都竖直朝上，这样的牛叫觢。

19.24　黑唇，犉[①]。黑眥，牰[②]。黑耳，犚[③]。黑腹，牧[④]。黑脚，犈[⑤]。

【注释】

①犉（rún）：黄毛黑唇的牛叫犉。

②黑眥（zì）、牰（yòu）：黑眼眶的牛叫牰。眥，眼眶。

③犚（wèi）：黑耳朵的牛。

④牧：黑肚皮的牛。

⑤犈（quán）：黑脚的牛。

19.25　其子，犊[①]。

【注释】

①犊：小牛。

19.26　体长，牬[①]。

【注释】

①牬（bèi）：身体长的牛。

19.27　绝有力欣犍[①]。——牛属。

【注释】

①欣㹂（jiā）：强壮又力气极大的牛叫㹂。欣，衍文。

19.28　羊：牡，羒①；牝，牂②。

【注释】

①羒（fén）：白色的公羊叫羒。

②牂（zāng）：白色的母羊叫牂。

19.29　夏羊①：牡，羭②；牝，羖③。

【注释】

①夏羊：黑羊。

②羭（yú）：黑色的公羊。

③羖（gǔ）：黑色的母羊。

19.30　角不齐，觤①。角三觠②，羷③。

【注释】

①觤（guǐ）：羊角一长一短叫觤。

②觠（quán）：盘卷。

③羷（liǎn）：羊角卷曲三匝叫羷。

19.31　羳羊①，黄腹。

【注释】

①羳（fán）羊：即黄羊。

19.32　未成羊，羜①。

【注释】

①羜（zhù）：幼羊叫羜。

19.33　绝有力奋①。——羊属。

【注释】

①奋：强壮有力的羊。

19.34　犬生三，猣①；二，师②；一，獒③。

【注释】

①猣（zōng）：狗一胎生三只，狗仔叫猣。

②师：狗一胎生二只，狗仔叫师。

③獒（qí）：狗一胎生一只，狗仔叫獒。

19.35　未成毫，狗①。

【注释】

①狗：没有长出毛的小狗叫狗。

19.36　长喙①，猃②。短喙，猲獢③。

【注释】

①喙（huì）：嘴。

②猃（xiǎn）：长嘴的猎狗叫猃。

③猲（xiē）獢（xiāo）：短嘴的猎狗叫猲獢。

19.37　绝有力狣①。

【注释】

①狣（zhào）：强壮有力的狗。

19.38　尨①，狗也。——狗属。

【注释】

①尨（máng）：多毛的狗。

19.39　鸡，大者蜀①。蜀子，雓②。

【注释】

①蜀：大鸡。

②雓（yú）：大鸡的鸡仔叫雓。

19.40　未成鸡，僆①。绝有力奋②。——鸡属。

【注释】

①僆（liàn）：雏鸡。

②奋：极为强壮有力的鸡。

19.41　马八尺为䯊①。

【注释】

①䯊（róng）：八尺高的马叫䯊。

19.42　牛七尺为犉①。

【注释】

①犉（rún）：七尺高的牛叫犉。

19.43　羊六尺为羬①。

【注释】

①羬（qián）：六尺高的羊叫羬。

19.44　彘①五尺为䝈②。

【注释】

①彘（zhì）：猪，

②䝈（è）：五尺高的猪叫䝈。

19.45　狗四尺为獒①。

【注释】

①獒（áo）：四尺高的狗叫獒。

19.46　鸡三尺为鶤①。——六畜。

【注释】

①鶤（kūn）：三尺高的鸡叫鶤。